キャラがすべて!

メディアを使いこなして、
自分自身を売り続ける方法

CHARA
CTER

メディア活用研究所代表
大内 優

きずな出版

はじめに

すべてはあなたが〝人を惹きつけるキャラ〟を持っているかどうか

こんにちは、大内優《おおうちゆう》です。

私は「メディア活用研究所」という会社を立ち上げてコンサルティング事業をおこなっていますが、そのメーンの仕事のひとつに、**「個人や企業をテレビに出してあげること」**があります。

そんなふうに言うと、街角で「あなた、テレビに出てみませんか？」などと声をかける怪しげな商売を連想されるかもしれませんが、そうではありません。

たとえば、わかりやすい例では、世にはたくさんのグルメ番組があります。

そこでお店が紹介されると、それまでは閑古鳥《かんこどり》が鳴いていたのに、次の日には大行列ができていることもあるわけです。

むろん、テレビはあくまでもきっかけであり、永続的にお客さんが来てくれるようにするためには、それなりのノウハウが必要になります。それは本書で詳しく述べていきましょう。

いずれにしろ現代のビジネスにおいて、「テレビに出る」ということが、大きくブレイクするための一因になっていることは、誰しも否定できません。

それはコンサルタントだったり、カウンセラーだったり、何らかのインストラクターだったり、研究家だったりと、個人で仕事をしている人でも変わらないことです。

とはいえ「テレビに出る」と言われ、ピンと来ない方も大勢いらっしゃるでしょう。

「いまどき、テレビかよ……」

「自分にはまったく関係ないことだし……」

確かにネットの動画を大勢の人が観るようになった現在、テレビの視聴者は一時期に比べ、激減しています。

SNSなどでお金をかけずに自己発信ができ、しかもそんな発信から口コミによってヒットが生まれている時代です。

そんななかで一見すると〝出ることにお金がかかりそう〟なテレビを、自分を表現したり、ビジネスを宣伝するメディアとして考える人は、よっぽどの大企業の広報でないと現実的でないように見えます。

でも、これは大きな間違いなのです。

私が「人をテレビに出してあげる仕事をしている」と言ったのは、何もお金を払ってCMをつくったり、宣伝費を払って出してもらうことを指すのではありません。

テレビ局のほうから、「この人を取材したいな」「このお店を取り上げたいな」と思われるようになることが目的なのです。

そして、この「取り上げたいな」と思われる人になる方法は、メディアがネットだろうが、紙媒体であろうが変わりません。

誰かに「写真を撮ってInstagramで紹介したいな」とか「Facebookでシェアしたいな」と思わせるのも同じ。

ひと言でいえば、「あなたや、あなたのビジネスが、どんなキャラを持っているか」にかかっているのです。

そして、この「人を惹きつけるキャラを持っているかどうか」が、これからの時代には、間違いなく仕事の成否を分ける大きな要素になってきます。

あなたが望むにしろ望まないにしろ、「キャラがないビジネス」は沈滞していくし、「キャラがない人」は自分が望むような仕事をすることも、だんだんと難しくなっていく傾向にあるのです。

逆にいえば、「キャラをつくれた人」は、いまよりずっと楽しく自分の仕事ができるし、会社の束縛も受けず、自由にお金を稼いでいくことができます。

「キャラがすべて」の世の中が来た、と言っても大げさではないでしょう。

本書では、多様化したメディアを使いこなして、自分をキャラクター化していく方法を、網羅的にお伝えしていきます。自分をキャラクター化できたあなたの未来は、間違いなく明るいものになるでしょう。

では、はじめます。

目次

第1章

なぜ、いま個人がメディア戦略を考えなければならないか？

第2章

自分をキャラクター化して、影響力を最大化する方法

第3章 メディアへ出ていくうえで、最初に考えるべきこと

第4章 テレビを味方にして、一気に有名になる

第5章

自分にファンクラブをつける、オンラインサロン運営法

第1章

なぜ、いま個人がメディア戦略を考えなければならないか？

視聴率1％の威力

冒頭で述べたように、キャラが重要になる時代がやってきました。「キャラづくり」にとって最も参考になり、最も効果的なメディアが、なんといってもテレビです。テレビについては、「かつてに比べ、観る人が少なくなっている」というのは、確かに事実です。

実際、私が「テレビに出るためのセミナー」を開催すると、参加者のなかには「ふだん、ほとんどテレビは観ません」という人も多いです。観ないけれど、やはり「ビジネスを飛躍させるメディア」としては認識されているのですから、これは面白いことです。実際テレビを観ない人が増えているとはいえ、テレビのない家というのは、いまの日本では少数派でしょう。

そのうえで、たとえば「視聴率1％」といえば、ほとんど人が観ないような番組を想像すると思います。でも、全国放送として考えれば、計算上は120万人が観ていることになるのです。

視聴率1％で120万人……その大きさが想像できるでしょうか？

おそらく、どんなにSNSの友だちが多い人でも、120万人という人はそうそういないでしょう。書籍であれば、120万部が市場に出回ったというだけで、数十年は人々の記憶に残るような記録的ヒットになるはずです。

ですからYouTubeやSNSが普及した現在でも、テレビが最も影響力を持ったメディアであることは変わりません。

そしてまた、「テレビに取り上げてもらうキャラになること」は、120万人単位で告知される世界に、自分を売り出すことになるのです。

テレビで認知されるキャラであれば、どこに出て行ってもお客さんから引っ張りだこになるような、強力なビジネスが可能にもなります。

もちろん、本書をお読みくださる皆さんは、必ずしもテレビの人気者になろうとは考えていないし、「出たい」とすら思っていない人も多いかもしれません。

ただ、リアルなお客さんに営業をかけるのであろうが、ネットやＳＮＳで広報をするのであろうが、必要なのは結局「自分ＶＳ多数」の世界で成功できるような仕事の仕方であり、売り出し方なのです。

いままであなたをよく知らなかったお客さんが、どうして「あなた」という人物の仕事に魅力を感じ、商品を買ったり、サービスを受けたいと思うようになるのか？

結局は、魅力あるキャラをつくれなければ、この情報社会では埋もれていってしまう可能性が高いのです。旧世界の象徴であるテレビを軸に考えることは、そうならないための最も効果的な手段となります。

ポイント

常に「自分VS多数」で考える

テレビに出て成功する人と、失速する人の違い

もちろん、誰でもテレビに出ればそこから火がついて、あらゆるビジネスがうまくいくのかといえば、そんなことはありません。それどころか逆に「テレビに出たことがマイナスになってしまった」という例はいくらでもあります。

実際、そういう人をすぐ想像できる方もいるかもしれません。

テレビに出る前は本などで素晴らしいことを言っていたのに、テレビに出たら、自己主張ばかりして、とたんに嫌なキャラに見えてしまったとか。

あるいはタレントにいじられるようなギャグキャラになってしまって、これまでの説得

力がまるで感じられなくなってしまった……という方もいることでしょう。

これはまさしく「キャラづくり」の失敗です。

テレビというのは原則的に、視聴者のためのメディアです。

視聴者を喜ばせるために台本をつくり、筋書きをつくり、演出をおこなう。そこには出演者の都合を考える余地など、まったくのところ存在しません。

だから、あらかじめ自分のイメージどおりにふるまえる番組を選ばないと、ミスブランディングにもなってしまいます。そのあたりのことは、テレビのことを説明する章があるので後述しましょう。

問題はそういうケースだけでなく、宣伝のために番組に出て、その通りの宣伝ができたにもかかわらず、「売上がまったく上がらなかった」と言う人も多いということです。

「テレビに何十回も出たんですけど、何も変わりません」という方が、やはり私のところにも大勢、訪ねてきます。いったい何がいけないのか？

これはテレビだけではありません。「雑誌に出ました」でも「新聞に出ました」でも「動画を投稿しています」でも「ブログを毎日、書いています」でも同じこと。

ひと言でいえば、「戦略」が足りないのです。

それこそ本書でいちばんお伝えしたい「キャラ戦略」とも言える考え方になります。

どういうことか？　わかりやすく事例で紹介しましょう。

私が協力し、テレビに出たことで大成功した三浦久美子さんという女性がいます。

彼女の仕事は「親子関係のカウンセラー」という独自のもの。「有吉ゼミ」という日本テレビの番組に出て、芸能人の親子関係についてアドバイスをする機会に恵まれました。

ただ、同じように数々の専門家が、それぞれの分野で芸能人へコメントをしているのです。やはり無名だった方は何人もいますが、必ずしも全員がそれをきっかけに飛躍し、クライアントの数を何倍にもしているようなことはありません。

ならば彼女の場合は何が違ったのか？　それは番組の内容ではなく、「出演前」と「出演後」に何をしたかが、非常に重要だったのです。

ポイント

メディアに出る前に、戦略を考えよ

無名の「親子関係カウンセラー」が、番組出演をチャンスに変えた

無名だった「親子関係カウンセラー」の女性が、どのようにしてテレビ出演をブレイクのきっかけにしたのか？ **彼女がやったことは決して難しいことではないのですが、とても長い時間と労力をかけているのも事実です。**

まず彼女は、出演する番組をできるだけ多くの人に観てもらうため、何日か前から事前告知をしていました。番組の前からFacebook上にライブ動画を配信し、さかんに呼びかけをしています。

彼女は自分のキャラを認知してもらうため、とにかく生配信にこだわったのですが、

Facebookを通じた配信は、まさに番組が放映される少し前まで続けていました。

さらに大切なことは、テレビ出演のあとです。

もちろんライブ動画は以前の通りですが、自身のホームページ上に番組出演の際の内容を扱った特別ページをつくり、さらに興味を持った方一人ひとりに、親子関係で起こりうる問題と解決策をまとめた小冊子を送付しました。また番組出演記念のキャンペーンということで、特別に「無料コンサル」のプレゼントも実施したのです。

これによって、以前から親子問題に関心を持ち、彼女のホームページやFacebookの投稿を見ていた人はもちろん、番組を観て興味を持った人も、より詳しい話を彼女から聞こうと、アクセスすることになりました。結果、番組を離れてからも、ホームページを経由して新しいお客さんが次々と来訪してくれるようになったわけです。

私がテレビ出演を見据えたセミナーで口酸っぱく言っているのは、**「テレビによって有名になること」が重要なのではなく、「リストを取ること」が重要だということです。**

「リスト」というのは、いわゆる「見込み顧客のリスト」のこと。

なにせ120万人単位の視聴者がいるメディアに出るのですから、いままでの何倍もの人数が、当人の活動に興味を持ってくれる可能性は高くなるのです。

その「興味を持ってくれた」人に、たとえばダイレクトメールを送ったり、あるいはメルマガを送ったり。そこまでやらなくても、ＳＮＳ上でつながったり、フォロワーになってもらえれば、いつかお客さんになってくれることは考えられます。

ならば、その「興味を持った人」は、いったいどこの誰なのか？

番組を放送したテレビ局に頼んでも、そんなことを調べてくれるわけがありません。

しかも、そもそもテレビというのは、ＳＮＳと違って一方通行のメディアですから、画面の向こう側にいる人のことなどわからないのです。それを知ろうと思ったら、自分のほうで「**相手をわかるようにする仕組み**」をつくらなければいけません。

これが「テレビ出演を活かしたマーケティング戦略」ということになるのですが、彼女はそれを上手にやったから、大きなビジネスチャンスをつかむことができたのです。

ポイント

メディア出演は、リスト取りのきっかけにすぎない

メディア側は常にネタを探している

テレビをきっかけにブレイクする前に、多くの方にとっては、まず「テレビに出られる」ということ自体がハードルの高い話に聞こえるかもしれません。

ただ、前述の親子関係カウンセラー・三浦久美子さんの場合は、そのための準備もずっとしてきました。

むろん私がコンサルタントとしてかかわったこともあるのですが、まず自分のキャラをしっかりと決め、それに基づいたプロフィールをつくり、それまでのホームページもすべてリニューアルしました。

このホームページには、一般の問い合わせのほかに「メディア関係者専用」の問い合わせページもつくっています。

かといって、別にいままでメディア関係者からの問い合わせが多かったわけではありません。けれども、メディア向けの窓口をあえてつくることで、情報を探しているテレビ制作側の人々は、相手が〝メディアにも慣れたプロフェッショナルである〟と認識します。

あとは根気よく、メディア関係者へのプレスリリースを送る。

相手は常に番組になるネタを探している人々ですから、準備さえしっかり固めておけば、気にとめてもらえる可能性は決して低くないのです。

ずっと「視聴率1％で120万人」の全国放送を基準にお話ししてきましたが、地方のテレビ局であればもっとハードルが低いし、場合によっては、お客さんを呼び込む効果もあります。

もちろん都心部で仕事をしている方であれば、地方局と言われてもピンと来ないかもしれません。でも、たとえば札幌で美容師をしている方であれば、仮に全国放送の番組に出たとしても、わざわざ飛行機に乗って東京からやってくるお客さんは、あまり考えられないわけです。

ならば地元の番組に出て、地元のお客さんにまずアピールしたほうが、番組出演を売上につなげるうえでは効果があります。

これは都会でお店を出している人も同じで、現在は地域で区切ったケーブルテレビだったり、あるいはテーマを絞って運営しているBS、CS、インターネットのテレビ局などが、乱立しています。

全国ネットには及ばなくても、それらすべてのテレビ局が固定の視聴者を持ち、紹介すべきネタを常に探している……。だとしたら、そのチャンスを活かさないほうが、むしろもったいないと思いませんか?

ポイント
事前に、取り上げられるべきキャラをつくっておく

錦鯉《にしきごい》を食べる被災者を見て……

私自身も、もともとは地方のテレビ局で働いていた人間です。

大学を卒業して入社したのは、地元、福島のテレビ局。番組制作だけでなく、自らレポーターとして番組にも出演していました。優れたテレビ番組企画に贈られる賞を授賞したこともあります。

そんな私の人生が変わったのは、２００４年に隣の新潟県で起こった、新潟中越地震でした。あの東日本大震災の７年前。それでも「中越地震」といえば、大きな被害を受けた山古志村《やまこしむら》のことを思い出す方も多いでしょう。

現在は市町村合併で、長岡市の古志という地区になっていますが、私は隣の県のリポーターとして、震災の前にも取材に行っていました。とくに錦鯉の産地としても有名でしたから、その様子を番組で伝えたのです。

震災があったときも、私は系列局の応援体制に入って、当地の取材に行きました。

そこで見たのは、お寺の境内に避難した人々が、この錦鯉を焼いて食べている光景です。

一匹250万円。品評会で優勝でもすれば、2000万円という値段のつく鯉です。

しかし地震の被害で水が干上がり、もはや育てることができないからどうしようもありません。足りない食糧を補うために、皆で食べるしかありませんでした。

鯉を育ててきた人たちは、素晴らしい品質にするために多額の投資をしています。そのために融資も受けてきたでしょう。

でも、自然災害によって、すべてはパー。

「助けてください……」と、彼らは取材している私たちに言うのですが、自分たちにできることといえば、ただ彼らの悲痛を撮影することだけ。大変なことは一目瞭然なのに、マイクを向けては、「大変ですね」と聞くだけです……。

そこで私は、テレビ局の限界というのを感じてしまいました。

「もっと本質的に、みんなを救えるようなことをすべきではないか?」

考えてみれば、私は大学の商学部を出ている人間です。

テレビ局には頭のいい人が多いし、楽しい番組をつくることは誰にだってできる。自分はもっと、自分にしかできないことをやるべきでは?

そのとき私が思いついたのは、当時はまだ真新しかったファイナンシャルプランナー(FP)という仕事です。

番組で取材してその仕事内容は理解していたし、お金の面から人生設計をアドバイスすることで、困っている人を救うこともできる……。

そこで私はテレビ局を辞め、ファイナンシャルプランナーを目指すことになったのです。

ポイント

自分にしかできないことをやる

「テレビを使ったプロモーション」を教えられる唯一の人間

いくらテレビに出ていた人間だからといって、簡単にファイナンシャルプランナーになれるわけもありません。

27歳にしてハローワークに通い、ようやく「未経験者でもいい」という東京の小さなファイナンシャルプランナー事務所に、私は就職します。

給料はテレビ局にいたときと比べ、7割くらい減りました。

けれどもやがて仕事のコツを覚え、ゆくゆくは独立を考え始めます。その前にマネジメントの勉強もしておきたいと思い、外資系の大手保険会社に入社することになります。

この大手保険会社は結果がすべての世界。社員が通常2年かけて達成する営業成績を、およそ5分の1の期間のわずか20週で挙げ、マネジャーになりました。

マネジャーとしては、人材採用の部門で850人中全国1位にもなりました。その実績を引っ提《さ》げて、ファイナンシャルプランナーとして独立することになったのです。

「人生設計、資産運用、相続や事業承継……これからはプロとして、バリバリ仕事をするぞ！」

そう思っていた矢先、私の人生を変える1本の電話があったのです。

「保険の契約をやめたいんだけど……」

相手はお得意先である、小さな建設会社の社長でした。

中小企業の経営者から、「保険の契約をやめたい」という電話がかかるケースは、大概はかなり深刻な問題です。

ましてその会社の保険契約の内容は、かなりおトクなものです。だとしたら資金繰りが苦しくなっているのでは……ということで、最悪の場合は自己破産とか、夜逃げとか、自殺という場合までありえます。

私は慌てて、社長のところへ車を飛ばしました。

話を聞けば、やはり資金繰りが苦しくなっているということです。

その会社の資金繰りを悪くしている原因は、広告宣伝費にお金をかけすぎていることにありました。

会社は建設会社で、戸建て住宅などを販売しています。その広告費として月に数十万円は使っていました。もちろん一戸でも売れれば利益は出ますが、売れなければ「広告費が経営を圧迫する」ということで、保険費用を削って埋め合わせようと考えたわけです。

そこで私は、言いました。

「広告費にお金がかからなければ、保険をやめる必要はありませんよね。いま保険を解約するのはもったいないですから、お金をかけない宣伝方法を考えましょうよ」

「そんな方法があるのですか?」

「テレビに出るんですよ!」

「えっ?」

まったく荒唐《こうとう》無稽《むけい》な話をしているように、その社長は思ったでしょう。

でも、テレビの業界にいた私には、ピンと来ていたのです。

その会社は「地産地消《ちさんちしょう》」ということで、地元の資材を使った建物にこだわっています。それならば、地元のテレビ局も飛びつくのではないか……？

早速プレスリリースの書き方を教え、地元のテレビ局に送ってもらいました。するとすぐに、「地産地消住宅」ということで、番組に取り上げられました。

影響はすぐに出て、家2棟が簡単に売れてしまったのです。

私はすごく感謝されるとともに、社長から言われました。

「助かったよ。大内さん、これからも面倒を見てもらえますか？」

「いや、私はファイナンシャルプランナーですから……」

「いまどきファイナンシャルプランナーなんて、どこにでもいるんだから、こっちのテレビ広報でコンサル業をしたほうがいいんじゃないの？」

確かにそうだな……と思いました。

まさにテレビの利用法を教えるのは、私だからできることです。それにテレビが喜ぶようなキャラをつくることは、インターネットの時代にも十分に役立つノウハウになります。

それが4年くらい前の話。

いまでは独立して、こうして本を書く立場にもなったわけです。

世の中には、経営コンサルタントと呼ばれる人、ＰＲ・広報コンサルタントと呼ばれる人がたくさんいます。そして、それぞれの仕事は分業になっています。

しかし、どうやってテレビ番組がつくられて、どうやったらテレビに取り上げられて、そのチャンスをビジネスや経営に活かすことができるのか……。これをワンストップで解決できる人は、ほとんどいないのです。

そこで「売上や集客、広報の問題をワンストップで解決できる」という特徴は、私の強力な武器になりました。

過去に積み重ねた経験や知識には、本当に感謝しなければいけません。

ポイント

自分の強みは、他人が見つけてくれることがある

「1億総キャラクター時代」がやってくる

テレビに出ることに対しては、「私なんて人前に出ても仕方がない」とか「自分には売りがないから」などと、前向きに考えられない人が多いでしょう。

ただ、テレビがいいかどうかという問題を別にすれば、「露出力」といったものが重要になる時代がすでに来ているのは明白です。

これは経営者や、小売店の店主や、フリーランスで働いている人ばかりの問題ではありません。

会社員であっても、ひとたびFacebookやLINEを見れば、そのキャラでたくさんの人脈をつくっている人が、あらゆる仕事で有利になっているわけです。

まして現在は、どんな一流企業でも、絶対に転覆しないとは限らない。リストラもありますし、転職もいままで以上に流動的になるでしょう。

また、働き方改革によって、稼げる人は本業のほかにサイドビジネスもおこない、より一層の活躍ができるようになっているわけです。

そんななかで、自分のキャラが周囲に認知されている人は、会社の肩書きだけで仕事をしている人よりずっと有利になります。

ネットの世界と違って、テレビというのは、いままではプロのタレントばかりが活躍するメディアでした。

ただ、そんな時代も徐々にですが、変わりつつあります。

たとえば私は現在、京都のＫＢＳ京都と滋賀のびわ湖放送で、２つの番組にレギュラー出演しています。

ＫＢＳ京都の番組は、メディアの専門家として地方創生についてアイデアを出したり、提言するコメンテーター。びわ湖放送の番組は、私がカメラを持って面白い人物や新しい視点でビジネスをする経営者を取材するというもの。

もちろん多数派ではありませんが、テレビもだんだんと、キャラを持った個人に焦点を当てるようになっているわけです。


個のキャラに焦点が当たるといえば、ＮＨＫの「プロフェッショナル仕事の流儀」のように、その道を究めた成功者でなくては、と思うかもしれません。

けれども、注目される人というのは、必ずしもそんな特別な人ばかりではないのです。

自分がこだわって追求してきたものがあったり、人がうらやむような特徴や特技を持っていたり、あるいは単に特別な思いを持っているだけだったり。

ようは「自分で自分を、どうプロデュースするか」という問題なのです。

私が「テレビ局に勤めていた」という過去の経験を活かして現在のコンサル業をやっているように、誰でも人生を棚卸ししてみれば、売り出すべきキャラは見えてきます。

さらに「露出が嫌いだ」という人でも、アニメーションを使ったり、独自の匿名キャラを使って自己発信している人はいます。

それがネットで話題になれば、大きなテレビ局が取り上げることもあるでしょう。キャラを打ち出していくことは、地方にいてもできるし、お金をかけず、いますぐにでもはじめることができます。

あなたがやりたいように、あなたが望む姿を演出していくだけの話なのです。

むしろ「やらないでいる」ということのほうが、もったいないことだし、機会損失だと私には思えます。

ポイント

人生を棚卸しして、自分のキャラを見つけよう

「赤い帽子のおじさん」は、こうして生まれた

具体的にどんなふうにキャラづくりをしていくかの例としては、何より私自身を紹介するのがわかりやすいでしょう。

いま現在、交流会などで出会った人で、私のことを記憶していないという人は、ほとんどいません。

それは別に類い稀なるコミュニケーション力を持っているとか、特別なオーラを放っているようなことではない。**ただ「外見がわかりやすい」というだけの話です。**

いつも赤いハットに、赤いネクタイ……。

講演のときだけでなく、事務所で仕事をしているときですら、その格好です。

近所でも「赤い帽子の人」ということで認知されているし、休日に普通の格好をしていたりすると「あれっ？　今日は帽子を被っていないんですか？」と、妙にガッカリされてしまいます。

この帽子のイメージは、テレビに出ていた時代を踏襲しているわけではありません。

実際、私は福島でレポーターをやっているときは、それほど目立ったキャラでさえなかったのです。

唯一の例外は「中学校の同級生がテレビに出ている！」ということで、連絡をくれたうちの妻くらい。その程度の認知度ですから、東京で仕事をするにあたって私自身も特別にキャラが立っていたわけではありません。

ところが現在は、「メディア利用やキャラづくりの話をしている、あの赤い帽子の人」ということで、定着しています。

そのきっかけは、人生を諦めようかと思うくらいの、大惨事に遭遇したことでした。

何があったかといえば、２０１７年3月、当時の事務所が、隣の家からのもらい火で全焼してしまったのです。

それはちょうど、出演するイベントのリハーサルをしていたときです。

社員から「うちの事務所が燃えている」という連絡がありました。

火災保険にも入っていなかったし、不動産屋にも隣の家にも逃げられ、どうにもならない状況です。「人生諦めようかな」などと真面目に思ったのですが、イベントへの出演は差し迫っています。

それで「覚悟を決めよう」と、たまたまあった赤い帽子を被ってみたのです。

どうしてその帽子なのか……と言われても、根拠は何もありません。どこかで購入したのでしょうが、ふだんそれを被っていたのでは、それこそ変な人です。

だから身につけることなどまったくなかったのですが、そのときは何かいままでと違う、まったく新しい人間になりたい気分でした。

結局、イベントの出演もうまくいき、その次も、またその次も、私は赤い帽子を被るようになりました。

じつを言うと帽子もそれから数を増やし、夏用だったり冬用だったりと、外見はほぼ同じものを5つ揃えて使い回すようにしています（この書籍を書きはじめたときは4つだったのですが、京都でたまたま目に留まった帽子を衝動買いしてしまったので、いまは5つになりました）。

実際、「キャラづくり」とか「メディアを利用する」という話をするときに、現実味のない、番組の登場人物のような出で立ちは〝わかりやすい〟わけです。

だから、私のキャラはどんどん定着するようになりました。いまはお笑い芸人に間違えられることもありますが、それはキャラが立っている証拠でもあります。

こんなふうに何もないところからでも、自分に合わせたキャラは創造できます。必要なのは、思い切ってキャラを演じてみる覚悟だけでしょう。

ポイント
キャラは意外と簡単に、誰でもつくれる

「自分自身のメディア」をつくろう

キャラを演じる覚悟の話をしましたが、必ずしも皆さんは、私のように外見を演出する必要はありません。

それこそ自撮りで素の自分を出している人もいれば、家族と一緒に「お父さんキャラ」や「お母さんキャラ」をつくっている人もいる。あるいはSNOWやLINECameraなどのアプリで顔をデコレーションしてキャラをつくっている人もいれば、飼っている猫や、ぬいぐるみに自分を投影させて発信する人もいる。

好感度をもって受容されるのであれば、キャラはどんな形だって、まったく構わないのです。

重要なことは、そうして「自分でつくったキャラ」を軸にすえることで、はじめて自分が主体となった発信が可能になるということです。

Facebookに、LINEに、Twitterに、YouTubeに、ブログに……と、いつのまにか世は自己発信をする手段で溢れてしまいました。

けれども結局は他人の投稿に埋もれ、自分自身を売り出すことができていない人が圧倒的多数なのです。

今日のランチを「美味しい」と投稿する。近所で見かけた犬や猫を「可愛い」と投稿する。それを間違いとは言いませんが、結局のところ自己満足しているだけで、なんら自分の仕事には活かせていない。それではメディアに振り回されているだけで、情報が一方通行だったテレビの時代と、さほど変わっていません。

「メディア」というのは、そもそもが「媒体」という意味です。

「媒」というのは、触媒の「媒」でわかるように、「何かを介して伝える」という意味。

自分のメッセージが伝わらない限り、「メディア」とは言えません。

それに対して、自分のキャラをつくることは、自分自身のメディアをつくることに相当します。

自分のキャラができ、「この人はこういう人だ」という周囲の理解ができ、そのうえでSNSを使って発信していけば、あらゆる投稿が自分を高める「ブランド」になっていくわけです。

テレビや雑誌、新聞、あるいは書籍なども、その延長になるものでしょう。

SNSや動画配信まで個人で可能になった現在、ツール上はすでに、誰もがメディアを持てる時代になっているのです。

それをとっかかりにし、ゆくゆくは既存のメディアさえも利用し、思う存分好きな仕事をして、人生を楽しみたいとは思いませんか？

次章からはいよいよ、その具体的な方法を述べていきましょう。

ポイント

キャラが決まらなければ、メディアを使いこなせない

第2章

自分をキャラクター化して、影響力を最大化する方法

キャラで勝負する人、肩書きで勝負する人

本章からはいよいよ、「自分をキャラ化するには、具体的に何をしたらいいのか」ということを考えていきましょう。

まず、「キャラとは、どんなものか？」ということを考えたときに、参考になるのはやはりテレビのなかにいる人々でしょう。

一般のビジネスパーソンと、テレビに出て仕事をしているタレントの大きな違いはといえば、「肩書き」で仕事をしているか「キャラ」で仕事をしているかの違いです。

もちろんビジネスパーソンでも、そのキャラが認知されているから、特別な仕事や待遇

が与えられることはあるでしょう。

ただ、通常であれば「デザイナー」という肩書きを持った人に、会社の経営についてのアドバイスを求めることはありません。

「部長」という肩書きの人と、「係長」という肩書きの人がいたとき、「ご挨拶をお願いしたい」となったら、部長のほうに声をかけます。

ようするに世の中の大多数の人は、「自分はこういう人間である」という肩書きを基準にして、その仕事をふるい分けされているのです。

それに対して、テレビタレントの「芸人である」とか「俳優である」という肩書きは、ほとんど意味をなすものではありません。

バラエティー番組にしろ、ドラマにしろ、当人がつくっているキャラによって「新しくはじまるドラマの、この役に抜擢しようか」とか「信頼性が高いから、報道番組のコメンテーターに使ってみようか」などと、仕事が決まっていくわけです。

タレントのキャラというと、それは一般人とは違う、もともとの個性が豊かな人々ではないか、と思うかもしれません。

もちろん私もテレビ業界に長くいましたから、よく知っています。

バラエティー番組に出ている芸人ですら、実際は素の自分とまったく違うキャラを演じていることが少なくないのです。

たとえば番組上ではお喋りで、ギャグばかり言っている有名な芸人が、テレビカメラが回っていないところだと、まったく無口で楽屋に引きこもってしまうことはよくあります。

テレビ上では必死になって、自分が創作したキャラを演じているのでしょう。

ポイント

あなたの肩書きは何ですか?

「好きなこと×一貫性」がポイント

タレントは、テレビというメディアで自分がつくったキャラを演じている。

1章で述べたように、これから自分自身のメディアをつくっていくのであれば、普通の仕事をしている私たちも、やはり「キャラを演じる」ことを考えていかねばなりません。

もちろん「毎日通っている会社で、別キャラを演じ続ける」というのはムリがありますし、いまさら別の人を演じてみたところで周りは不思議に感じるだけでしょう。

でも、ネット上の配信だったらどうでしょう？

「FacebookやTwitterのようなSNSやブログなどもメディアなのだ」という話は1章で

述べました。そのメディアで「今日のランチはこれ！」とか、「今日の空はキレイだ」なんていう投稿を続けたところで、「いいね」は押されたとしても、キャラで選ばれるような人にはなれません。

もし料理が好きなら、たとえば「エスニック料理」などとテーマを絞り、お店のレポートや、あまり知られていない料理の投稿を続けていく。

これが「キャラ」にまでなっていけば、たとえば雑誌でエスニックの特集をするとか、テレビでエスニックブームの話題が放送されるとき、ひょっとしたら「コメントをくださ い」と要請されることも考えられるわけです。

あるいは自分でも料理をつくるなら、たとえば30代の独身男性であれば、「若手ビジネスマンの簡単レシピ」みたいな投稿を続けていく。

これだってメディアで取り上げられる可能性があるのはもちろん、「教室を開いてほしい」とか「投稿を1冊の本にまとめてほしい」という話がくるかもしれません。

多くの人は芸能人のように役をあてられているわけではないし、視聴率を考える必要もないのですから、キャラについて難しく考える必要はありません。

まず考えられることは、「自分が好きなこと」を出していくということ。

たとえばゲームが好きであればゲームでもいい。ご飯を食べるのが好きならご飯に特化したキャラでもいい。寝るのが得意な人だったら、寝ることを追求してもいいのです。

ただし人から認知されるには、「自分だからやれること」にこだわって、とんがった存在になっていかなければなりません。

ゲームのことを追求するのであれば、自分は会社員として働いているのだから、「ビジネスに役立つゲーム」を紹介していこうとか。ご飯が好きだけど主婦でもあるから、「子どもを天才にするご飯」を考えていこうとか。寝るのであれば、「とことん健康的な眠り」を追求していこう……といった具合です。

こうした「こだわり」の先に、自分自身のキャラはつくられていきます。

ポイント

好きなものにこだわって、追求する

20〜30年生きていれば、誰にでもキャラづくりの材料はある！

「自分だからやれることにこだわろう」と言うと、「はたして何がやれるんだろうか」と難しく考えてしまう人もいます。別に「誰よりも優れたこと」とか、「世の中の誰もがやっていないこと」などと、特別にすごいことでなくていいのです。

人が20年や30年も生きれば、それなりに蓄積した知識や経験が十分にあります。憧れてきたもの、「なりたい」と思ってきたもの、勉強してきたこと、人に評価されてきたこと。

そこから、「こういう方向性であれば、自分は追求していけるな」とワクワクするものを選べば、確実に自分のキャラとして活用できるはずです。

たとえば私の知人で、有名なコンサルタントである大谷更生さんは、恐妻家のキャラを大きく打ち出して、自己発信を続けています。

すでに「全国恐妻組合連合会」なるものを立ち上げているし、小冊子や電子書籍も発行しているくらい。いずれにしろ、長く生活をしてきて「自分は奥さんに頭が上がらないな」と実感し、それをネタにもしてきたわけです。だから自分自身のキャラとして、営業材料にもしてしまおう……と。

あとはアウトプット次第で、いくらでも仕事に結びつけることは可能なのです。

テレビの世界と同じように、キャラは「演じるもの」であって、必ずしも自分が100%そうである必要はありません。

たとえば、湘南あたりの海岸に家を構える、セレブな生活に憧れている女性がいたとしましょう。でも実際には普通のOLで、ゴミゴミした都会でワンルーム賃貸の生活をしている現在がある……。

それでもまったく構わず、「セレブな生活への憧れ」を配信していくのです。

SNSの投稿もお洒落なものにこだわり、休日に江の島や茅ヶ崎に行って、カフェなどをレポートする。

それがキャラとして定着していけば、「セレブに憧れる人は、彼女の話を聞くといい」とか、「あの人の投稿を見ると、夢が広がるよね」ということになってきます。

すると講演であったり、雑誌やテレビであったりと、仕事の可能性が広がっていくことも考えられるわけです。ひょっとしたらＯＬから独立して、現実に湘南でセレブ生活をすることになるかもしれません。

ただ、多くの人はそんなふうに「なりきる」ことが、なかなかできないわけです。

むしろ「他人からこう言われるんじゃないか」「ああ言われるんじゃないか」という否定的な目のほうを気にしてしまいます。

ここを乗り越えるのが、キャラづくりにとって、いちばんの課題なのです。

ポイント

割り切って、演じてしまえ

自分自身の「説明書」をつくろう

「自分はこんなキャラになりたい」とか、「こんなキャラでありたい」ということを、あなたは明確にしているでしょうか？　明確にしているとして、それを自分のＳＮＳなどで、ハッキリと主張しているのでしょうか？

結局、キャラというのは周りから認められないと定着してはいきません。たとえば一生懸命に自分の特徴をアピールしようとしているのに、ホームページやＳＮＳのプロフィールを見ると、業種や持っている資格などしか記述していない人がよくいます。

それでは「この人は面白い」と誰かが思っても、「楽しいコンサルタントがいる」とか、

「いい人そうな保険の営業マンがいる」といったくらいの認識でしか、あなたの評判は伝わらないものです。

それで他人と違う、特別なキャラが定着するでしょうか？

多くの人は、批判を恐れるのか、恥ずかしく思うのか、自分のキャラを思い切ってアピールすることは躊躇《ちゅうちょ》しがちです。そのぶん自分の仕事に説得力をもたせようと、取得した資格などは明確にしています。

けれども、資格などは世に溢れていますから、よっぽど特異なものでないと人に差をつけるものにはなりにくい。

あとは「信頼性」とか「好感度」といったキャラによる評判になるのですが、これは伝言ゲームと同じで、伝わる人の感性や受け取った人の想像力によって、だんだんと薄れていってしまう。

少なくとも「仕事を頼もう」といった実行性のある評判を広めたいなら、「この人にはこれを頼めるな」と第三者が感じるくらい明確な「キャラの説明書」が必要になるのです。

この「キャラの説明書」に当たるものが、肩書きだったり、プロフィールに当たるものです。
たとえば私の肩書きであれば、「メディア活用研究所　代表」というもの。
Facebookのプロフィールを見れば、「テレビに出たい人、テレビを活用して爆発的に売上をアップさせたい人、注目！『テレビは観るものじゃない、出るものだ！』悩んだらまずは俺に聞けばいい」とあります。

そうすると、「あの赤い帽子を被った大内さんは、人をテレビに出してくれる人なんだな」とわかりやすく話が伝わります。

これはあらゆるビジネスにおいても同じで、たとえば口コミで評判が伝わるラーメン屋というのは、「秘伝の味、スタミナがみなぎる激辛ラーメン」などと、最初から「拡散してほしい、広めてほしい文章の見本」をつくっています。
では、あなたはどんなふうに、自分のキャラを説明する文章をつくりますか？

ポイント

「名前がどう広まってほしいか？」を言語化する

あなたは「誰の」「何を」解決する人間ですか？

プロフィールや肩書きのつくり方については、私もセミナーなどで教えています。そのときまずやってもらうのは**「誰の何を解決する専門家か」を表明してもらう**ことです。

たとえば、生命保険を売っている人だったら「老後や年金、病気など将来への不安を、保険によって解決する専門家」など。私の仕事であれば「売上や集客に困っている社長に、メディアの活用法をアドバイスする専門家」などと言うことができます。

ちなみに、いままで私のセミナーの受講生がつくった「専門家の表明」を挙げていくと、次の図のようなものがあります。

専門家の表明　一覧

画家	たった2秒であなたを感動させる絵、描いています
幼児教室の先生	25年間で20,000人の泣き顔ママを笑顔にした、幼児教育の専門家
治療院の先生	産後のおなかのお肉もスッキリ！あの日のビキニ、着られるようにします！
ダイエットスクールの先生	９０日で５キロ！挙式までに１サイズ小さなウエディングドレスをあなたに
駐車場経営者	縦列駐車が苦手な人も安心！ママでもラクラク停められるパーキング
人材紹介業者	車なし、休憩時間は家に帰ってもOK！職住近接であなたの仕事場、探します！
英会話スクール	中学生時代の英語の成績オール１でも問題なし、６か月でTOEIC800点超え、海外留学のお手伝いします
ファイナンシャルプランナー	毎月１万円からスタート、１０年後に1,000万円の資産を構築する方法、教えます
コミュニケーション講師	人見知りでも、「会話上手だね」と言われるあなたをつくる！
起業サポートの先生	自宅にいながら毎月50万円稼ぐ！自由時間でおうち起業

じつにわかりやすいですよね。

これらのメッセージは、どれも非常にシンプルなものです。

でも、その人の仕事についての考え方や目指すところ、また同じような仕事をしている人たちと違った独自性を、見事に表しているとは思いませんか？

私がテレビ局にいた時代、プレスリリースというのは毎週200通くらい送られてきました。4年間でだいたい4万件は見たのではないでしょうか。

そうすると、ひとつずつを詳しくは見ていられません。

まず「どんな人かな？」とか、「どんな事業をしているのかな？」とプロフィール部分を一瞬見て、興味をそそられなければゴミ箱行き。それが全体の7割です。

そうすると、自分たちの売りや特徴が、一瞬で伝わるようなメッセージが必要になります。**「誰の何を解決する専門家か」というのは、まさに「売り」を一瞬で伝える言葉にあたるのです。**

では、あなたは誰の、何を解決する専門家なのでしょう？

20代から60代の男性の悩みを解決……では、漠然としすぎていて、まったく魅力的ではありません。

20代なら20代、60代なら60代と、自分がいままでつき合ってきた人を思い出し、自分がいちばんお役に立てる対象を見つけ出していく必要があります。

でも、そんなふうに絞り込んでしまったら、逆に仕事は少なくなってしまうのではないか？

いいえ、そうはなりません。

たとえば、関西に「パン屋税理士」を名乗っている人がいます。

パン屋専門の税理士……そんな絞り込みのインパクトで大成功したのですが、じつはお客さんを見ると、パン屋だけではありません。

「パン屋ができるなら、飲食店もできるよね」とか「まったく関係のない業界ですが、大丈夫ですか？」とか、結局は〝一分野に特化した専門性〟が決め手となり、広いお客さんが獲得できているのです。

これは自分がお客さんだった場合を考えれば、よくわかるでしょう。

「どんな人の仕事でも引き受けられます」と言っている人と、「パン屋であればナンバーワンです」と言っている人。

はたしてどちらが優秀そうかといえば、やはり後者になります。

同じような例で、「28歳専門の女性カウンセラーです」と言う人と、「女性の悩み全般を解決します」と言っている人がいる。30代くらいの女性が自分の悩みを打ち明けるとしたら、やはり28歳に絞っている人のほうがわかってくれそうな印象になるわけです。

このように「誰の、何を解決する専門家だ」と、絞ってしまったほうが、人はそこに信頼性を見出すわけです。

絞り込むことで、ずっと幅広い顧客層をつかめるのだと考えたほうがいいでしょう。

ポイント

ターゲットを絞り込むほど、うまくいく

起承転結の自己紹介ストーリーをつくる

「誰の、何を解決する専門家か」という肩書きをつくったら、そこから自己紹介に使えるプロフィールをつくってみましょう。

これは「起承転結」の4段階の物語構成を利用します。考えてもらった「誰の、何を解決する専門家か」の肩書きを「起」の部分としてストーリーを展開させてみるのです。

①「起」
私は○○の△△を解決する専門家です。

②「**承**」
というのも、私はこれまでに○○のような経験をしたからです（『起』にいたった理由を説明）。
③「**転**」
お客さまや仲間には「○○（お客さんの声）」と喜んでいただいていますが、まだ△△（不足しているもの）があります。
④「**結**」
だからお願いです。○○で困っている△△（誰か）を見つけたら、そっと私のことを紹介してください！

こんな流れの紹介文です。
たとえば私の場合で、文章をつくってみましょう。

①「**起**」

「テレビは観るものじゃない、出るものだ！」

赤い帽子でおなじみ、メディア活用研究所の大内 優です。テレビを使って、あなたの集客や売上の悩みをすっきり解決するプロです。

②「承」

というのも、私はこれまで4万通を超える取材企画書（プレスリリース）を見てきました。だから、あなたの企画がテレビに取り上げられるか、テレビに出たあとヒットするかどうか、3秒で判断することができます。

③「転」

実際に「人生崖っぷちだったのに、テレビに出て一発逆転できました！」などと感謝の声もいただいていますが、世の中の99％の人はまだ、テレビを使ってビジネスを成功させる戦略を知りません。

④「結」

だからお願いです。儲けたい・稼ぎたいという35歳の女性社長を見つけたら、「社長、美人なんだからテレビに出ましょう」と言って、そっと私のチラシを渡してください！

「テレビは観るものじゃない、出るものだ!」の大内優でした。

たとえば自己紹介の機会があったとき、口頭でこの文章を言えば、各項目が15秒、合計1分で、ちょうどいい時間になります。そのうえで与えるインパクトは大きいし、最後の結論として、「自分の紹介をしてほしい」というお願いをしているわけです。

「困っている35歳の女性社長を、テレビに出ることで成功させてあげる大内優」という評判が広まっていくなら、一発で自分のキャラが認知されていきますよね。

さらにこの紹介文には、説得力をつける要素も盛り込んでいます。

②「承」

4万通を超える取材企画書→**数字を使って具体的な結果をアピール**

③「転」

「人生崖っぷちだったのに、テレビに出て一発逆転できました!」などと感謝の声もいただいています→**過去において、実際に自分が言われた言葉を加える**

④「**結**」

35歳の女性社長→**思い切って「誰に」を絞り込んでしまう**

そっと私のチラシを渡してください！→**相手に「具体的にしてほしいこと」を単刀直入にお願いしてしまう**

もちろん自分のことを紹介するチラシを持っていき、チラシは自己紹介のあとで、その場にいる興味を持ってくれた人に配ります。

それがどれくらい35歳の女性社長の手に渡るかは、むろん未知数です。ただ、「この人はテレビに出るといいんじゃないかな」と思える人には、私のことが紹介される可能性が高くなります。自分のキャラを打ち出すための自己紹介は、これくらいやらなければ効果がないわけです。

ポイント

15秒×4項目で自己紹介を組み立てる

勝負は15秒、60文字で決まる

プロフィールというと、だいたいホームページとか、ＳＮＳのトップページに掲載してあるものを、皆さん想像すると思います。

あるいは本であれば、この本のカバーのそで部分に掲載してあるような、著者紹介が代表的なものでしょう。

ただ、いちばんの基本は「口頭で話せるもの」なのです。

「あなたは何者なのか、説明してください」と言われ、その場でさっと説明できる。それくらいキャラが自分のなかで明確になっていないと、他人が伝えてくれることなどありません。

そのうえで、やはり「長い説明」では、誰もそれを伝えてはくれないのです。

前項の「起承転結」で、私が「15秒×4＝1分」にこだわっているのも、そのため。これより長いと、人は飽きてしまいますし、短すぎても、人の印象にはあまり残りません。

じつはテレビ放送も、この「15秒」を基準につくられています。

たとえばニュース番組では、まず普通のニュースがあって、アナウンサーの画面が入って、そこから本編のＶＴＲに入る。このときアナウンサーの顔が映っているのは、だいたい15秒です。

ワンショットの絵で20秒とか30秒というのは、かなり飽きられます。チャンネルを変えられてしまうから、これは避けたい。

かといってアナウンサー画面が入らないと収まりが悪いから、なんとか15秒でひとつのコメントを加えてもらうわけです。テレビを観たとき、注意深く時間を測ってみるといいでしょう。ちなみにＣＭも、ほとんどは15秒でつくられています。

つまり、興味のない相手でも、15秒であれば、話を聞いてくれる。

相手に「もっと話を聞いてもらいたい」と考えるなら、まずは15秒の話で、相手の注意を引く必要があります。

そこで「私は〇〇の△△を解決する専門家です」という、かなり絞り込んだ「起」をつくっているのは、まさに15秒で自分の特徴をうったえるためなのです。

起承転結の「起」の15秒をクリアすれば、「承」の15秒に進める。「承」の15秒に耐えれば、「転」の15秒。それをクリアすれば「結」によって、聞いた人を動かすことができる……と、考えていただければいいと思います。

この15秒のコメントを、文字にするとだいたい60文字。

原稿用紙でいえば3行です。

これも自己紹介と同じで、どんな人でも、読んでくれるのは60文字までということ。実際、テレビ局で多くのプレスリリースに目を通しましたが、要約の60文字を読んで、興味がわかなければ、そのままボツにするのがほとんどでした。

私に限らず、プレスリリースを取捨選択する人間は、おおむねそれくらいの基準でしょう。書籍や雑誌をつくっている編集者も、この点は同じだと思います。

ですから、あらゆるプロフィールのキャッチも、まずは60文字を基準にして考えなければいけません。長ったらしい文章を書いても、ほとんど読まれないのだから仕方ないのです。

けれども、60文字で自分をすべて説明しようとしても、それはかなり難しいこと。

だから「起承転結」で、それぞれ60文字ずつ、興味をそそっていく構成がいちばん望ましい形になるのです。

ポイント

ワンショットで20秒は、飽きられる

とんがって、とんがって、とんがる

「起承転結」はそれぞれ15秒、60文字の短い文章ですから、大切なのは「言い切る」ということです。つまり、すべて自分の説明は曖昧《あいまい》な形にしてはいけません。

パン屋専門の税理士なら、自分は「パン屋なら絶対だ」と。

28歳専門の女性カウンセラーであれば、「28歳なら任せてくれ」と。

恐れずに「○○専門家」だと限定したとおり、その部分にとんがってしまうことが重要だと私は考えています。

述べたように、こうした言い切りが、多くの人にとって不安要素になることは、よくわかります。

実際、反発を招かないかといえば招くこともやはりあるのです。

たとえば「28歳女性専門のカウンセラーだ」と名乗れば、30歳の方から「偏見でしょ」とか「差別だ」と言われることもあるかもしれない。

とくにいままでつき合っていた方が、「自分は対象外になった」と誤解すると、不快な思いをされることもあるでしょう。

もちろん、そうした誤解を避けるために、あらかじめ特定の相手に「プロモーションのためにこうした文句をサイトに出しますが、いままでと仕事は変わりません」といった連絡をするなどの配慮は必要でしょう。

ただ、それ以外の不特定多数の人々に批判を受けることについては、気にしていても仕方がありません。

デフォルメした自分の似顔絵を描けば、「本物より目が大きすぎる」「盛っている」「実物はこんなに可愛くない」といった批判はあるでしょう。

だからといって実物に忠実なイラストでも、個性が発揮されず、面白くはありません。

テレビの場合もそうで、当たり障りのない人というのは、出演してもらってもあまり意味がないわけです。だからどうしても、極端なくらいの話をする人のほうが、ウケる傾向にはあります。

だから、とんがってみることは、いまの情報過多の時代に注目されるためには、絶対に避けられないことではあるのです。

ただ意識しなければいけないのは、専門性にとんがっていくことは、決して他を排除することではないということ。

その点は、批判されることで話題を集めるような炎上マーケティングとは明らかに違います。

たとえば「28歳女性専門のカウンセラー」を名乗るとき、「それ以上の女性には魅力がないから」とか「その年齢を超えてしまったら手遅れだから」などと言ってしまえば、それは当然ながら大きな批判を呼ぶでしょう。

結果、対象の「28歳女性」からも不快な印象をもたれてしまいます。

そうでなく、「なぜ28歳女性なのか?」「その年齢にこだわるのはなぜなのか?」といった根拠を、自分のストーリーできちんと紹介すればいいのです。

たとえば過去において、その年齢の女性の相談に親身になったことで、相手が成功し、自分がこの仕事を天職にするきっかけになった……とか。

そういう根拠が示されれば、対象外の年齢の人からも結果的には信頼され、先に述べたように「年齢は超えているのですが、相談に乗ってもらえませんか?」と言われるようにもなるのです。

きちんと根拠を述べて「とんがる」のであれば、だいたい批判というのは、全体の2・5%。つまり、批判がひとつ寄せられる人は、40人の支持者を持っている計算です。

私の経験から見ても、だいたいこの数字は正しいでしょう。

ですから、「とんがる」ことを恐れる必要は、何もありません。

ポイント

とんがるにも、根拠は必要

「自分にはできる」とハッキリ宣言する

「言い切る」ということに関して言えば、メディアに関わって仕事をしている人とそうでない人との間で、ちょっとした感覚的な違いがあります。

たとえば私は、仕事がら「誰でもテレビに出ることは可能です」「テレビに出れば、仕事の売上を上げることができます」とハッキリ宣言しています。そうでないと、自分が言っていることが「事実でない」という話になってしまうでしょう。

ただ、では「本当に誰でもテレビに出られるのか」といえば、セミナーに参加してプレスリリースの書き方を勉強した方でも、当然まだ出演を実現していない方はいます。

さらに言えば、方法論が間違っていることもありますが、お店がテレビで取材を受けたからといって、売上アップができていないところも当然ながらあるわけです。

それについて、「インチキだ」「そんなうまい話はない」と、批判する人も少なからずいます。これを気にしていても仕方がないでしょう。

これは自己啓発の本と同じで、「誰でもこの方法で成功できる」とうたっている本は、それこそ世の中にごまんとあるわけです。それを読んで必ず成功できるならば、逆にたくさんの本は世に出ていません。

現実には、読んだ人で成功できない人もいるかもしれない。

かといって「ひょっとしたら成功できるかもしれない本」では、誰にも本は読まれない。出版社は当然「必ず成功できる」をうたうし、読者のほうもある程度そのことを了解し、自己責任で本を購入しているわけです。

たとえば、飲食店で料理を出している人は、「ひょっとしたら、この料理はまずいかもしれない」と思って、料理をつくっているでしょうか？

そんなことはありません。「美味しい料理をお客さんに提供しよう」と、精一杯の努力をして、調理をしているはずです。

そうであっても、「この料理はまずい」と感じる人もなかにはいるかもしれない。実際、そう感じた人が「まずいです」と言ったとしても、次からは「うちの料理を食べて、まずいと感じる人もいらっしゃいます」という宣伝文句に切りかえる料理店はありません。

「言い切る」というのはそういうことで、自分で「これをやる」と決めたら、ブレずに徹底的に主張することが必要なのです。

28歳の女性の相談に乗るなら、必ず「その年齢の女性のお役に立ちます」ということを宣言する。パン屋の経理が専門であれば、少なくともパン屋については、どんなお金の問題でも解決できると言い切ってしまう。

それは100パーセント、完璧でないかもしれない。

でも自己研鑽を重ね、完璧であることをずっと追求していく。

そうした覚悟がないと、やはりキャラというのは、なかなか浸透していかないのです。

キャラが浸透するためには、多くの人が口コミで、あなたのことを誰かに伝えていく必要があります。

そのためには「この人のこういう部分はすごいな」と、ある種の感動を人々に起こさせなければいけません。

あるときは弱気だったり、言っていることがときどき違ったりでは、そうした感動は呼び起こさないのです。キャラを「こう」と決めたら、何を言われようがとことん貫く。そうでないと、信頼は得られないでしょう。

ポイント

言い切らないと、誰も聞いてくれない

善人キャラにはちょっとのスパイス、悪人キャラにはちょっとのシュガー

信頼性を高めるためには、自分というキャラの性格や特徴も、ある程度、最初の時点で固めておかなければいけません。

私はよく「善人キャラにはちょっとのスパイス、悪人キャラにはちょっとのシュガー」という話をします。

つまり、ネットなどの投稿も極めてまっとうで「いいこと」ばかりを言っているような人は、少し「毒」を吐いてみたほうがいい。逆に、少し批判めいたことを言う傾向のある人は、言葉を柔らかめにして、読んだ人が喜ぶような発言を心がけたほうがいいということ

とです。

もちろん「毒」といっても限度があります。悪口を言ったり、他人を罵倒したり、ネガティブ発言を繰り返したりというのは、ネットでは嫌われる原因になってしまいます。

ただ、自分の専門分野のことであれば、ときどきは少しキツめのことを言うくらいのほうが、信頼につながることはあるでしょう。

実際、私もセミナーなどでは、名前とは違って、あまり〝優しい〟講師ではありません。それはメディア戦略をアドバイスしているからでもあるのですが、「こんなプレスリリースじゃダメだよ」ということは単刀直入に言いますし、「うまくいくよ」とか「大丈夫だよ」というポジティブな言葉もあまり使わないくらいです。

ただ、そもそも見た目が朗らかなこともありますし、本当に困っている相手には優しい言葉を投げかけます。このギャップがあるから、キャラが魅力的に映るわけです。

人間というのは、ネガティブな部分とポジティブな部分があり、穏やかな人だって怒るときはあるし、ギスギスした人だって楽しいときはあります。

これは当然なのですが、ただその日の感情に任せて言いたいことを言っていたのでは、きわめて「普通の人」にしか周りには見えないわけです。

キャラを売り出そうとするとき、感情の出し方というのもひとつの戦略になります。

・ふだんは、人に対してどのような対応をするか?
・どんなことを喜び、どんなことに感情を爆発させるのか?
・「これだけは譲れない」というものは、いったい何か?

自分が理想とする人物を思い描き、「その人ならこんな場合にどんな反応をするか?」「こういう相手にどう反応するだろうか?」と、さまざまなシミュレーションをしてみるといいでしょう。

テレビのなかのキャラクターは参考になります。

坂上忍さんやマツコ・デラックスさんのように、ふだんは厳しい言葉が目立つけれど場合によっては非常に人情味が厚かったり。あるいは、ナインティナインの岡村隆史さんのように、ふだんは明るくおちゃらけているけれど、真剣になるときは、ものすごくストイックだったり……。

いつもはクールだけど、正義を問われたときに、ものすごく情熱的になる人気ドラマ「相棒」の杉下右京とか。あるいは感情をストレートに出すけれど、一方でものすごく大局を冷静に見ている大河ドラマの西郷隆盛など。ドラマの登場人物も参考になるでしょう。

よく年末などに「好きな芸能人ランキング」と「嫌いな芸能人ランキング」が発表されますが、ビジネスのキャラとして成功するのは、この両方に名前を連ねる人物ではないかと個人的には思っています。

そういう人物を目標にしてはどうでしょうか？

ポイント

ギャップを使いこなせ

広報用の「オリジナルキャラ」をつくってしまおう

前章でもふれましたが、言いにくいことを言うときに、「自分以外の別キャラを使って語らせてしまう」というのも、ひとつの方法です。

実際、そうしたキャラを使って厳しい発言をしている人もいます。

たとえばあるセミナー会社は、広報用に二等身の可愛いイメージキャラをつくっています。そのうえで、たとえば、

「うちは時間厳守なので、5分でも遅れたら会場に入れないから、気をつけてね」

などという厳しい言葉は、社長や社員ではなく、すべてそのキャラに言わせる形で告知

しているのです。

可愛らしいキャラであったり、あるいは猫の画像だったりに社会批判などをさせると、何となくマイルドになる……その心理はよくわかるでしょう。

他人の悪口ばかりではありません。

たとえば自分にダメ出しをする際も、ネット上で「こんなことをしてしまって、後悔した」とか「自分はダメだ」なんて言えば、周りの人は少し引いてしまいます。

でも、キャラクターに言わせることによって、「真面目に反省しているんだな」「よく自分でわかっているんだな」と、かえって見た人は真摯にとらえてくれるものなのです。

「ゆるキャラをつくる」などといえば、通常は市町村だったり、あるいは企業がやることのように思えるでしょう。

しかし現在は「ココナラ」などのサイトを使えば、イメージどおりのキャラを描いてくれるイラストレーターを簡単に探すことができます。

値段も交渉次第ですが、安ければワンコイン500円、通常でも数千円、企業から商品化を打診されるレベルのものでも数万円で依頼できるはずです。

つくるキャラは、動物などを使った「ゆるキャラ」でも構いませんが、最も多いのは、自分の似顔絵を描いてもらう方法でしょう。

とくに男性で、少し強面の顔をした方であれば、思い切って可愛らしい感じで描いてもらえば、マンガキャラのような形で使うことができます。

キャラをつくってしまえば名刺にも入れることができるし、チラシなどの販促物にも、当然ながら使用が可能です。

またLINEスタンプや、Facebook画像など、最近はSNSのやりとりでもキャラの需要が非常に増えています。ここに自分のイメージを反映させたキャラを使えば、いち早く皆に認知してもらうことができるでしょう。

ペットなどの写真を使うのであれば、「おしゃべりペット」というアプリが非常に便利です。

これは動物の写真に自分の声を吹き込み、あたかも動物が喋っているような動画をつくれるソフト。芸能人が使用して話題になりましたが、スマホのアプリとして数百円でダウンロードできるようになっています。

もちろんメーンはあくまで自分自身であり、サブ的なキャラばかりが目立つのも考えものですが、いまの時代はさまざまな手段を使用し、個人でも企業の広報部がやっているようなマーケティングが可能になっているのです。

この際、自分自身が「わたし」という商品を売る広報部長になったような気持ちで、さまざまな売り出し方を考えてみるといいのではないでしょうか。

ポイント

「宣伝」や「言いにくいこと」は、オリジナルキャラに言ってもらおう

あなたは「100万円の商品」をつくれますか？

「自分」という商品を売る際、私がよく言うのは「100万円の商品をつくりましょう」ということです。

なかには仕事として、家や自動車など、100万円を超える商品を販売している人もいるかもしれません。でも、それは会社の商品であって「あなたの商品」ではないでしょう。

たとえば1000万円の中古マンションを売っている人がいて、会社とは別に「売るノウハウ」を人に教えてみようとする。

その価格設定を100万円にすることが、はたしてできるでしょうか？

考えてみれば、同じく1000万円くらいの商品が売れずに困っている人がいたとして、「この人から学べば、商品がガンガン売れるようになる」とすれば、100万円だって安い投資になるわけです。

でも、できない。

なぜかといえば、やはりそれだけの自信がないから。

ただ、たとえばノウハウを教えたり、コンサルティングをするような場合、少なくとも投資額の3倍くらいのメリットを相手に与えないと、うまくはいかないと言われます。

意外と「キャラでビジネスをする」と言った場合、ほとんど無価値なものを提供しているのに、自分自身のパフォーマンスだけで儲けにしようと考える人が多いのです。それではうまくいくわけもありません。

ですから100万円で売るということは、「私は○○の△△を解決する専門家」としての仕事で、少なくとも300万円の価値を相手に与えなければいけないわけです。

むろん価格設定はケースバイケースとしても、キャラで稼ごうとするのであれば、そのくらいの覚悟が必要になります。

やっぱり自分にはムリ……と思ってしまうでしょうか。

実際、私の講座を受けた方で、ふだんは18万円のギャラで写真を撮っているフォトグラファーがいました。

けれどもそれでは、たくさんの同業種のなかで埋もれてしまう。だから「キャラをつくる」ことを真剣に考え、本当に100万円のサービスをつくってしまったのです。

結果、その100万円のサービスは大人気となり、いまや6ヵ月先の予約が埋まっています。

いったい何をしたのでしょう？

その方は自己啓発の勉強をずっとしてきましたから、その知識と組み合わせ「フューチャーフォトグラファー」という仕事をはじめたのです。

それは、自分が「なりたい」と思う未来のイメージを写真にしてあげるというもの。

そんな写真を常に目にしていれば、モチベーションはものすごく高まり、イメージどおりの未来を手にできると思いませんか？

ただ、100万円に対して、少なくとも300万円の価値は与えようというサービスです。ごく普通に撮影するような、生易しいものではありません。

お客さんと何度も打ち合わせて、なりたいイメージを明確にする。

そのうえでイメージに合った場所を探し、どんな構図の写真がいちばん相応しいかを、それこそ芸術作品をつくるようなレベルで考えます。

場合によっては、海外にまで撮影に出向いたりすることもあります。渡航費こそ追加料金でいただきますが、かける時間も労力も、値段に相応するような本格的な仕事になっているわけです。

もともとは芸能人の写真を撮っていたのでクオリティは超一流。おそらく3倍の300万円くらいの満足を得るお客さんは、かなり多いのではないかと思います。

ポイント

常に「価格の3倍の価値」を提供するイメージを持つ

100円のリンゴを1000円で売る方法

100万円というのはひとつの目安ですが、私の講座に来る人でも、そもそも自分の仕事に対する値づけが間違っている人がほとんどです。

それは「キャラ」に値段をつけるのでなく一般価格を基準にしているから。それでは「世の大多数と同じ」ですから、世間に自分のキャラが浸透していくわけもありません。

ただ、私の塾や講座に来てくれた方々の平均では、講座後に37%、自分の仕事の値段を上げることができました。キャラを基準にすれば絶対にそうなります。

それは「価値」に対する考え方が大きく変わるからです。

たとえば1個100円くらいで売っているリンゴが1000円で売っていたら、多くの人は「高い！」と思うでしょう。ところが世の中には、1000円でも大人気のリンゴだって存在します。しかも、それは別にブランド品というわけではありません。

巨大台風が青森県をおそったとき、多くのリンゴ農家は大きな被害を受けました。でも、ある農家は唯一、残ったリンゴを「落ちないリンゴ」として売り出したわけです。不作の年のリンゴだから、大して美味しくなかったでしょう。**けれども受験生にとっては抜群の縁起担ぎとなり、1000円でもこのリンゴは飛ぶように売れてしまいました。**

つまり「価値」というのは、自分の技量や経験、品質によって決まるわけではありません。お客さんとなる相手が、どれだけの価値を見出すかによって決まるのです。

通常の人に払う料金の何倍ものお金を、自分に払ってくれるお客さんがいる。はたしてそのお客さんは、自分のどんなところに価値を見出してくれるのだろう？

キャラを売り出すためには、そこを限りなく追求しなければなりません。

お客さんだけでなく、たとえばテレビのようなメディアだって、やはり「価値」を見出すから取材に訪れるのです。「テレビに出れば価値が上がる」と考える人がいますが、これは間違い。出る前から価値を上げておかないと、メディアは興味を持ちません。

それは視聴者のためにに番組をつくっているのだから当然です。価値がないものを放送したところで、視聴者からクレームが来るだけになってしまいます。

ですからまずは覚悟をもって、自分というキャラの価値を上げることが大切なのです。

私も180万円の塾を定期的に開催していますが、いままでそれを受講した生徒から「そんな価値がなかった」とクレームを受けたことは、ありません。むしろ受講したことのない、中身も知らない外野のほうが「高すぎる」だの「ボッタクリ」だの、ああだこうだと言っているのはとても面白いです。

こちらもそれだけのお金をいただくのですから、3倍以上の成果は出してあげなければと真剣になっています。また相手だってそれだけのお金を出すのですから、結果を出そうとする意欲が違います。

だから結果的には、望みどおりの成果が出ることが多くなるわけです。

ポイント

「価値」は相手が決めるもの

売り出すのは、まずネットから！

あとは自分のキャラを、どのように告知すべきかです。

もちろんテレビなどに出演するのは理想ですが、当然ながらそう簡単ではありません。口頭で伝えたり、印刷物を配るのはもちろん得策ですが、伝えられる人数には限りがあります。

ですから、まずはネット内に自分のメディアをつくってしまうのが、いちばん簡単であり、またいちばん自由に自分のキャラをアピールできる方法です。

その具体的な方法は次章で述べていきますが、まず「自分のキャラをつくる」のであれ

ば、「そのキャラのホームページがあること」は大前提。

このホームページは、何より自分の「オフィス」のようなものになります。

そこには自分のキャラについての説明があり、ビジネスの内容があり、見ようと思えば、より詳しい情報が見られるようになっている。

新しい情報はブログなどで告知し、専用のフォーマットに必要事項を入力してもらって仕事を依頼したり、商品を売っているのであれば、そこから購入できるようになっている。

「ランディングページ（LP）」という言い方をしますが、ここがビジネスをするうえでの入り口になります。

ただし、普通にホームページを出していても、気まぐれにアクセスしてくれるような人は、なかなかいません。

だからFacebookや、Twitterや、InstagramなどのSNS。あるいはYouTubeなどの動画を、このランディングページにお客さんを誘導するための、とっかかりとして活用するわけです。

現状のSNSの使い方としては、ビジネスであればFacebook、若い人をターゲットにしている人や、ファッションや飲食など画像でアピールのできる人はInstagramがいちばんの核になりますが、めまぐるしく変化している現代です。あらゆるものを活用していたほうが、より確実でしょう。

ただ、あくまでそれらはビジネスの窓口でなく、お店に人を呼び込むための撒き餌のようなもの。こうした様々なツールを統合したところに、「あなた自身のメディア」がつくられるわけです。

自分自身のホームページというのを、あなたはつくっているでしょうか?

いまは1時間でつくってしまえるフォーマットがいくらでもあるし、難しければ、まずは「アメブロ」を活用する手段もあります。

ちなみに私のおススメは、なんといっても「ペライチ」という、無料で簡単にホームページがつくれるフォーマットです。

いままでホームページを持っていた人も、新しいキャラをつくるのであれば、もうひとつ新しく制作したほうがいいと思います。

別にこれは前のページを削除するのでなく、とりあえずは新しいページをリンクさせてつくることで、まったく構わないわけです。

そして準備が整ったら、いよいよ「あなたのメディア」を完成させていきましょう。

難しいことはまったくない、それどころか、いざはじめれば自分のキャラを配信していくことが、だんだんと楽しくて仕方がなくなっていくはずです。

ポイント

ランディングページをつくって、SNSと連携させる

第3章

メディアへ出ていくうえで、最初に考えるべきこと

ビジネスの「設計図」を準備する

本章ではいよいよ、自分自身のキャラをメディアに載せることで、ビジネスを飛躍させていく方法を述べていきます。

その前提として、まずメディアとは一体何でしょうか？

前章では最後に、ＳＮＳまでを含めたネットメディアを活用することについて述べました。とはいえ、ふつう「メディア」といえば、テレビ、新聞、ラジオ、それに雑誌や書籍という４媒体を想像する方がほとんどでしょう。

このうち、いちばんハードルが高いのは書籍です。

もちろん、お金を払って本を出版してもらう手段がないわけではありませんが、通常は企画を通し、文章を何ページ分も書いて……という手間が必要です。労力はものすごくかかります。

しかも、あなたが本を出すにふさわしい人物であるというプロフィールがなければ、出版したあとに多くの人に読んでもらうことは困難です。

そういう意味では、テレビのほうが出やすいのは事実です。テレビは、プロフィールが完成していなくても、やっていることが面白ければ「これからつくっていきます、がんばります」で取り上げてくれることが多いのです。しかも影響力が大きいのがテレビ。

だから私は、「本を出すことが夢です」という経営者にも、「まずテレビに出ましょう。そのあとで、本を出しましょう」とお伝えしています。

とはいえ、テレビに出ることも本を出すことも、ビジネスの面からいえば、決してゴールではありません。

重要なことは、ビジネスの売上をアップさせることであって、メディアに出ることは、そのための手段です。

いくら「テレビに出ているよ！」と親戚中に喜ばれたところで、仕事の売上が落ちてしまったのであれば何の意味もないのです。

ですから、どんなふうにメディアに出て行くにしろ、まず大切なのは「その機会をどう活かすか」という設計図です。

逆にいえば、設計図さえ描いてしまえば、やるべきことはもう7割方は終わり。あとは設計図どおりのことを、淡々と実行するだけです。

ならば設計図とは、どんなものなのか？

具体的に次ページにあるものが、私が自分のセミナーなどで教えている設計図です。

どんな考え方に基づいているのか、次で詳しく説明しましょう。

ポイント

先に設計図さえつくってしまえば、7割方は終わったようなもの

一般的なビジネス設計図のイメージ

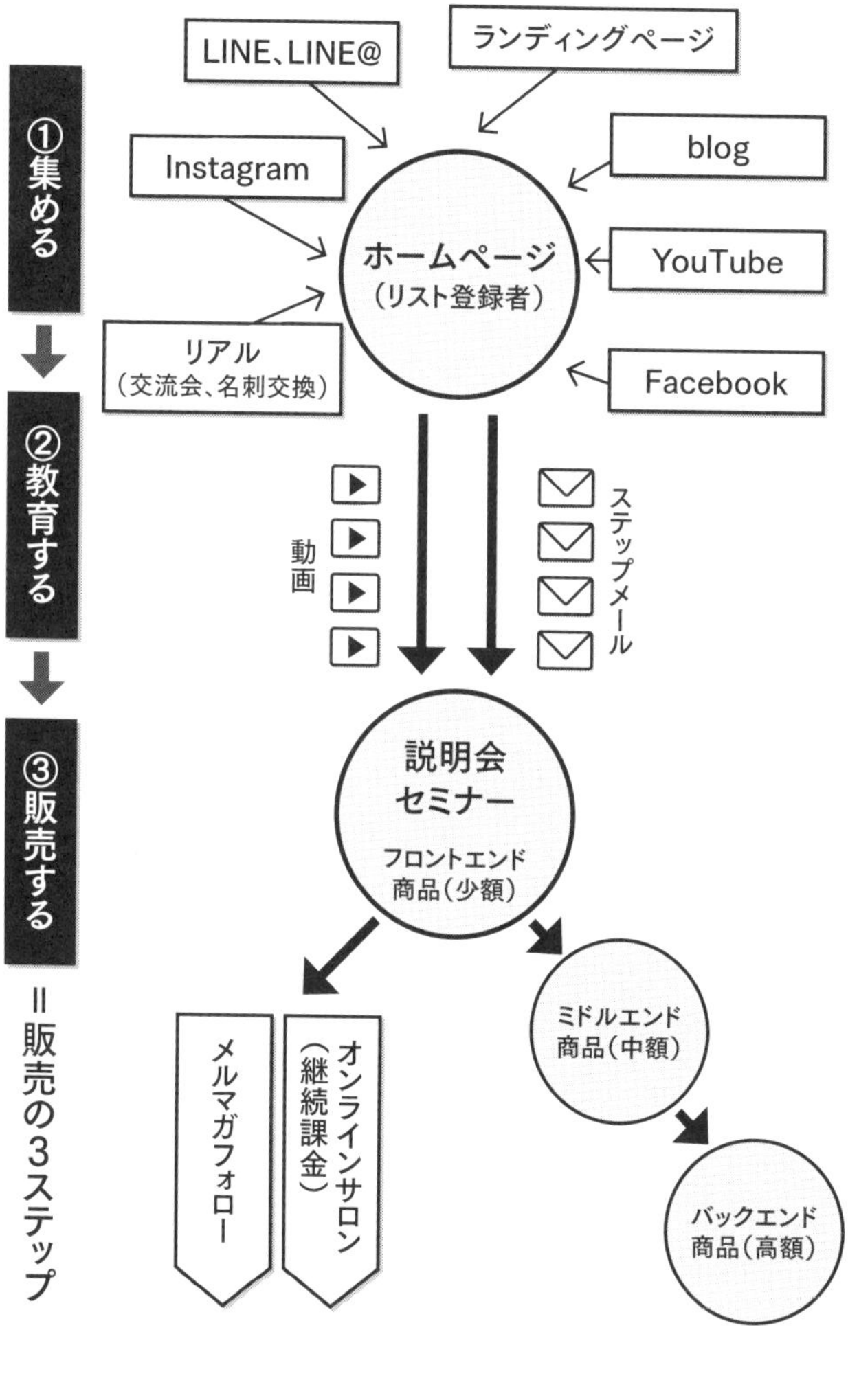

出演してから考えるのでなく、出演を前提にした計画を

設計図をつくるにあたって重要なのは「何のためにメディアに出るか」です。
すでに述べたように、たとえば「テレビに出演する」という機会を得ても、番組を観た人をお客さんへと誘導できなければ意味がありません。

では、どのように誘導するかですが「直接、お店に来てもらう」ということもあれば、「まず興味をもってくれた人の連絡先を知り、営業のための働きかけができるようにする」という手段もあります。

当然ながら前者が理想には違いありませんが、後者のような仕組みをつくっておけば、「番組を見て、なんとなく気になった」くらいのレベルの人を、お客さんとして呼びこむことができるわけです。

ならば、その「なんとなく気になった人」を、どのように把握するか？

いちばん簡単なのは、「ホームページなどにアクセスしてくれること」です。

・テレビを観た人が、ホームページにアクセスしてくれるには、何をしたらいいか？
・ホームページにアクセスした人に、連絡先などの情報を登録してもらうようにするには、どんな手段があるか？
・商品を売っているのであれば、ホームページ上で購入まで誘導するにはどうするか？
・サンプルなどを提供することは可能か？
・興味を持ってくれた人を、リアルな場に集めるようなイベントが開催できるか？

設計図では、こうした「メディア登場前」と「メディア登場後」までを含めた、ビジネス全体のシミュレーションができていなければならないわけです。

もちろん設計図は、テレビの出演が決まってからつくるのではありません。

そうではなく、設計図によってビジネスの全体像を明らかにするから、「既存のメディアであれば、どんなものに出るべきか」ということが決まる。

同時に、「自分の側でどんなメディアを用意すべきか」もここで決まるわけです。


たとえば経営者だったら、どんなテレビ番組に出ることが理想でしょうか？

ハードルは高いのですが、テレビ東京の「ワールドビジネスサテライト」や「ガイアの夜明け」や「カンブリア宮殿」。あるいは、NHKの「プロフェッショナル仕事の流儀」のような番組が思い浮かぶでしょう。

あるいは講師などのように人前で話す仕事をしている人であれば、日本テレビの「世界一受けたい授業」や、フジテレビの「ホンマでっか!? TV」などがあります。

飲食店だったら、それこそグルメ番組がたくさんあるし、ワイドショー番組やニュース番組の特集でも構いません。

つまりは「そんな番組に出られるわけがない」ではなく、戦略として「出る」ことを想定し、そこからビジネスの設計図を描いておくのです。

そうでないと、仮に番組に出られるビッグチャンスがあったとしても、売上アップにつなげることは、ほとんどできないでしょう。

ポイント

「メディア登場前」と「メディア登場後」をシミュレーションしておく

「PESO」メディアを活用して、ビジネスをつくる

ビジネスの設計図をつくるうえで、参考にしてほしいのは「ＰＥＳＯ」というメディアについての考え方です。

「ＰＥＳＯ」というのは、４つの頭文字を合わせたもの。

- P……Paid：広告のためのメディア
- E……Earned：信用や知名度を得るためのメディア
- S……Shared：シェアされることで広がるメディア

・O……Owned：自ら発信するメディア

代表的なものを上げると、次のようなメディアがそれぞれに当てはまるでしょう。

・Paid……CMや広告全般
・Earned……テレビ番組や新聞記事
・Shared……SNS上でのやりとり（口コミや拡散）
・Owned……企業のホームページやメルマガ

基本的には企業広報の考え方を表したPESOですが、現在は個人も同じになっています。

そして想像されるように、かつてはPとEの使い分けでしかなかったメディアですが、いまはSとOの重要性が同程度になっているわけです。

そのうち自分で自由になるのは「Owned」のメディアだけですから、自分が自分の広報部になったような気持ちで、発信をしていかなければならないのは述べた通りです。

しかし、いまビジネスにとって重要なのは、やはり「Shared」のメディア。

なにせ現代は、多くの人が広告を見てモノを購入するのでなく、口コミによって購入する時代になっているわけです。

ですから「どのようにして、口コミでメディアを拡大させるか」が、自分の評判を広めるためのカギになります。

では、そのために私たちは、何をすればいいのでしょうか？

ポイント

メディアは「S」と「O」を重視しよう

「回答力」でチャンスをつかめ！

ＳＮＳというメディアを使いこなすうえで重要なのは、「回答力」ではないかと私は思っています。逆に言うと、「回答力」を発揮できなければ、ＳＮＳのメリットはあまり得られないかもしれません。

というのも、テレビや雑誌というのは、回答力があらかじめ制限されるメディアです。こちらが何を言っても、番組上の都合でカットされることはいくらでもあります。

テレビなどでは回答者のコメントが別画像になっていたり、わざわざフリップに書いた文章で回答しているのも見たことがあるでしょう。

これはある意味「制作側が希望する回答を紹介したいから」です。

たまに生放送などでは、解説をお願いした専門家がとんちんかんな答えをしてしまい、何とも言えない空気になっているのを目にしますが、これはテレビとしては避けたい。それを防ぐために、番組の趣旨に則った回答をあらかじめ引き出しておくわけですね。

もちろん雑誌なども、「こういう質問に答えてほしい」という編集者の意図に沿って取材がおこなわれます。自分の言いたいことを言える機会など、連載でもしていなければ不可能でしょう。

これに対して、SNSは自分が主体になって発信できるメディア。いわば「言いたい放題」なのですから、回答力は思う存分に発揮することができるわけです。

でも、この「回答力」というものを、はたしてどれだけの人が意識しているでしょうか？

Facebookなどでは皆、自分の投稿には注意していると思います。ただ、その投稿のコメントに対する回答は意外と放置していたり、適当に対処する人もいます。

じつは「投稿にコメントがあった」ということは、キャラを売り出そうとする人にとって、潜在顧客からアプローチがあったに等しいのです。

ここで「相手の希望を叶え、自分のアピールができる回答」がどれだけできるかは、メディアを使いこなすうえでの重要なポイントになるでしょう。

また、Facebookで質問をしてくれた人へのアフターフォローも忘れてはいけません。

たとえば、私の仕事の場合であれば「こんな私でもテレビに出ることは可能ですか？」という質問があったとします。

真摯に答えるのはもちろんですが、そのあとで自分が勉強会などをやるとき、案内をきちんと送ってあげれば、反応してくれる可能性も高いわけです。

つまり、「回答」がそのまま顧客リストになる。

これこそＳＮＳのメリットなのですから、活かさない手はないと思います。

もうひとつ、Facebookなどでは、他人の投稿へのコメントについても、やはりメディアを通して配信される情報だということを忘れてはいけません。ここでもやはり「回答力」は問われています。

その点で、Facebookでは「本当に投稿を読んでいるのだろうか？」と思ってしまうようなコメントも、ときおりあります。朝の投稿に対して、何も読まずに「おはようございます」とコメントする人などは、その典型でしょう。

あまりにずれた回答をしていると、それを読んだ第三者からは、やはり信頼できない人のように思われてしまいます。

コミュニケーションの常識に基づくのはもちろんですが、それだけでは普通の「いい人」で終わり。「自分が理想とするキャラなら、いったいどのようなことを言うだろうか」と常に考え、あらゆる投稿がブランドになっていくようなコメントをしていくのが、SNSメディアの正しい使い方です。

ポイント

コメントへの回答は、アピールポイント

「いいね」のつけ方にもコツがある

SNSの大切なところは、一方的に発信するメディアでなく、双方向で発信をしているメディアだということです。

あなたはあなた自身のキャラを売りたいと思っている。でも、受け取るほうは受け取るほうで、やはり自分を出したいと考えているわけです。逆に言えば、あなたの側で相手のキャラを受け取ってあげれば、相手もこちらのキャラを受け取ってくれます。

それを大勢に繰り返せば繰り返すだけ、自分のキャラは多数に広がっていくことになりますから、じつは非常にわかりやすく、結果も出しやすいメディアということも言えるわけです。

「相手のキャラを受け取ってあげる」ということに関して、いちばん手軽なのは「いいね」でしょう。

よく「Facebookに〝いいね〟がつかない」と悩む人がいますが、そういう人に限って、じつは自分から他人に「いいね」をつけていないものです。

返報性の法則ではありませんが、自分のほうから何もアクションを起こさず、人から返ってくるものばかりに期待してもうまくいくわけがありません。

これは現実の世界と同じこと。SNSも、単純に「いい投稿をすれば、いい反応がくる」というわけではないと知るべきでしょう。

そのうえで、「いいね」の押し方にも、相手をできるだけ喜ばせるやり方というのは、ちゃんとあります。

たとえば、Facebookのタイムラインを見たとき、相手が投稿してまだ浅い時間のものに対しては、積極的に「いいね」を押していく。

投稿してから5分くらいの間だと、相手もまだオンライン上で他人の投稿を見ている可能性が高いわけです。するとリアルタイムで「いいね」を押してくれた人に対しては、好感度が非常に高くなります。

さらにFacebookでは、普通の「いいね」を押すより、「超いいね」のような特殊ボタンを押したほうが反応はよくなります。

もちろん、大した投稿でない場合にも「超いいね」では露骨ですが、相手の感情が高まっていることが予想されるような投稿には、積極的に特別なサインを提示してあげるといいでしょう。

ちなみに私の場合は基本が「超いいね」ですから、とくに私の塾生だと普通の「いいね」を押されたら、「少しダメ出しをされた」という反応になります。

それでも「こちらがちゃんと見ているよ」というメッセージはなりますから、効果はかなりあるわけです。

もちろん、さらに相手の好感度を上げるのであれば、「コメントをする」ということが大切でしょう。

コメントで大事なのは、ポジティブワードを使って、短くまとめること。

くどくど自分の意見を述べても相手は迷惑するだけですし、誤字を指摘するのだって、結局のところ自己満足でしかありません。

あくまでコメントは、「相手が望んでいること」をするようにします。

相手がアップしたグルメ記事に、「私が食べたもののほうがおいしい」とコメントしたり、犬や猫の写真に「うちの仔のほうが可愛い」と張り合って自分のペットの写真を載せても、相手の気持ちを損ねるだけです。素直に「おいしそう」「食べたい」「可愛い」と書いたほうが、相手は喜んでくれるでしょう。

この点はＳＮＳも、ふだんのコミュニケーションと同じ。相手の気持ちを想像してコミュニケーションするように使うのが、多くの人からの好反応を増やす方法になります。

ポイント

「いいね」よりも「超いいね」を、できれば投稿から5分以内に

SNSは、メルマガへの導入手段にする

Facebookの「いいね」の話をしましたが、正直、SNSの「いいね」の数を気にする必要はまったくないと、私は思っています。

そもそも「いいね」の数も、SNSのアルゴリズム仕様がどうなっているかによるところがあり、必ずしも記事の反響を表しているわけではありません。

たとえばFacebookであれば、記事上にリンクを貼ったり、あるいは写真の枚数を増やしすぎると拡散されにくくなり、「いいね」は減る傾向にあります。

かといって、では自分のサイトにリンクさせないとか、キャラづくりのための画像を使

わないというのでは、発信の意味がなくなってしまうでしょう。

実際「いいね」をつけているけれど、投稿自体はまったく読んでいない人も多いのです。

一方で「いいね」などつけないけれど、ちゃんとあなたが投稿している記事を読んでくれている人もいます。

仕事でどちらを大事にすべきかといえば、後者なのです。

たくさんの「いいね」をねらうより、たとえ少数であっても、自分のファンをいかにお客さんにまで引き上げられるかを考えていかねばなりません。

ただ、問題はそんな少数の読者を、どのようにピックアップするかです。

見ているだけで、「いいね」などの反応を何もしてくれないなら、こちらは把握のしょうがない。ですからSNSから、ひとつの上の段階に、お客さんを昇格させる努力をしなければなりません。

いちばん簡単なのは「メルマガ」でしょう。

そこでFacebookに投稿をしながら、「メルマガをこれからはじめます」というキャンペーンを打つのです。

たとえば何かを教える仕事をしたい人であれば、「登録をしてくれた人には、自分の持っているノウハウを提供します」と宣言をする。

もちろんメルマガはほとんどが無料ですから、ビジネスとして考えるならば、有料のセミナーであったり、コンサルティングやカウンセリングのお客さんを確保するためのダイレクトメール的なものになります。

それでもここに登録してくれる方がいれば、SNSのつながりから一段階発展した、お客さん候補のネットワークをつくることができるわけです。

では、SNSからメルマガの登録を呼びかけ、いったいどれくらいの方が名乗り出てくれるでしょう。

正直、著名人でもなければ、そうそう多くありません。20人も集まってくれればすごいほうで、10人に満たないことだって珍しくないくらいです。

登録数を増やすには、ちょっとしたコツがあります。

それは、「プレゼント」をすることです。

メルマガに登録するということは、言い方を変えれば、あなたに個人情報を提供するということです。個人情報を提供すれば、何か悪いことに使われるのではないか、頻繁に不要なメールが送られてくるのではないか、と心配してメールアドレスを登録するのを躊躇してしまう人もいるでしょう。

私は、よくセミナーでこんな話をします。

参加者の女性に対して、「あなたの住所を教えていただけませんか?」と。

私のことを知っている女性であれば「はい、もちろん!」と言ってくれるのですが、はじめて会う人からは、「なんだ、コイツ」という冷たい目で見られます。

その凍てつく視線を向けてくる女性たちに、私はこう続けます。

「毎月、タラバガニを贈るので……」

ほとんどの女性は、ニコッとして住所を教えてくれます。カニが苦手だという人には、メロンかマツタケにすれば完璧です。

つまり、この女性たちは、カニやメロン、マツタケといったプレゼントと、住所という個人情報を交換してくれたのです。

しかし、実際にあなたがメルマガの登録にカニやメロン、マツタケを贈るのは得策ではありません。数人ならともかく、何十人、何百人と登録してくれた場合、莫大なお金がかかってしまいます。

そのときは、あなたのキャラクターにあったプレゼントをするのがよいでしょう。セミナー講師であればセミナーを録画した動画やレジュメ、カウンセラーであればカウンセリングの体験チケット、趣味を広めたい人は、そのノウハウをまとめた小冊子やデジタル写真集などをプレゼントするのでもいいのです。

これを繰り返しながら、リストを増やしていきます。

もちろん、リストの人数が多いに越したことはありませんが、それだけではありません。**よくメルマガのリスト数を自慢している人がいますが、重要なことは開封率です。**

たとえ6万件のメルマガリスト数があったとしても、開封率が0・1パーセントだったら、60人が見ているだけ。100人のリストで開封率80パーセント、80人が見ているメルマガのほうがずっといいわけです。

SNSで自分のほうから「メルマガを登録します」と言ってくれた方のほうが、やみくもに配信するよりも、ずっと開封率は高い。

ですから、まず登録してくれた10人を大切にして、ずっと情報を提供し続けていくのです。その10人が「こんなおもしろい、ためになるメルマガを配信している人がいる」というような紹介をSNSでしてくれることで、登録者が増えることもよくあります。

いずれにしても、SNSでつながる人をどんどん増やしながら、多くの人にメルマガ登録を継続的に呼びかけること、登録してくれた読者の欲しがる情報を提供し続けることが大切です。

ポイント

無料プレゼントで、自発的に手を挙げさせる

メルマガは、まず1年分つくってしまう

メルマガというと、最近は「オワコン」などと呼ばれ、これを時代遅れのツールのように言っている人もいます。代わりにLINE@という、LINEを使ったビジネス向けの定期配信を推奨している人もいるようです。もちろんLINE@は手軽ですし、ファンとのコミュニケーションもとりやすいですから、使用するメリットは大いにあるでしょう。

ただ、LINEにしろFacebookにしろ、あるいはInstagramやTwitterも同じですが、ビジネスの重要な部分を1社のツールに頼るというのは、少しリスクが高いと思います。

メルマガのいいところは、読者リストにしろ、過去のアーカイブにしろ、すべてを自分

自身で管理できるところです。パソコンにバックアップをとっておけば、読者のリストが失われることもありません。ただし、無料で使えるメルマガ配信スタンドの場合、読者リストを自分で管理できないものもありますので、注意が必要です。

仮にリストをすべてLINEで管理していると、何かがあった際は、このリストがすべて使えなくなってしまう危険もあるわけです。

とくに変化の激しい現代は、パソコンの仕様変更や、ツールを提供している会社の都合で、アクセスできなくなったりすることがいくらでもあります。その際のロスを防ぐためには、いちばん自主管理のできるメディアをメーンに据えておいたほうがいいでしょう。

もちろん、メルマガをひとつつくって、その情報をLINEでも配信し、またブログにも掲載する……ということは、いくらでもできます。手間はコピーするだけですから、キャラを多くの人に浸透させるには、たくさんのチャネルを使って自己発信するに越したことはないのです。

データはコピーすればいい。それでもメーンのメルマガは、自分自身で作成しなければならないわけです。多くの人がつまずいてしまうのは、これがなかなか続かないことかもしれません。

私の塾でも、やはりメルマガのことは教えています。

その内容は、自分自身のキャラに合わせればいいのです。

長く書く必要もないし、読者はあなたの言葉で書かれた文章を楽しみにしているのですから、さほど難しく考える必要はありません。

ただ、問題は「ずっと書き続けていけるか」なのです。

だから私の塾では、「これからメルマガをはじめます」という人には、ひと月に2回の配信をする前提で、1年分の24通をまずつくってもらいます。それができない限りは、配信スタートを待ってもらうようにするわけです。

せっかくメルマガに登録してもらっても、1ヵ月以上も新しい配信がなければ、たいていの人は興味を失ってしまいます。

忘れたころに配信をしても、読まずに捨てられてしまうだけ。

メルマガで大事なことは、やはり継続性なのです。

月2回の配信日は、1日と16日でも、満月と新月でも構いません。

ひと月に2回は最低ラインと思いますが、最初のころは反応が薄かったとしても、徐々にあなたのメルマガの配信を待ってくれている人がいることに気づくようになります。

これはブログの更新でも、あるいはYouTubeなどの動画の投稿でも同じですが、発信に比例して読者が増えていくわけではありません。だいたい100件くらいの数を重ねた辺りから、紹介などをきっかけに急に読者が増えていくのが通常なのです。

それは平行線に近いくらいのゆっくりした上昇線が、ある一点でいきなり急上昇していく、まるで反比例を逆にしたようなカーブになります。

ところが多くの人は、100件の配信をする前、ブレイクする前の段階で止めてしまうのです。それではキャラを浸透することなどできません。

ネットの世界で結果を出すには、ある程度の根気強さが必要になることをぜひ知っていてください。まずは、「質より量」を意識してはじめていきましょう。

ポイント

配信数100回くらいまでは、読者や視聴者の反応は薄くてあたりまえ

出川哲朗さんに憧れた、月商8桁のエステティシャン

コツコツと発信を続ければ、テレビのような大きなメディアに出るきっかけになることはいくらでもあります。

神奈川県茅ヶ崎市でエステサロンを経営している遠藤優子さんという女性がいます。茅ヶ崎といっても駅から徒歩で40分くらいの場所にあり、立地は決してよくありません。

彼女は、Facebookで自分の活動を発信することからはじめました。

まずはパンダの独自キャラクターをつくり、そのキャラを認知させるようにしました。

文字の投稿だけでなくFacebookで動画の配信もするようになります。その際もキャラ

を認知させようと、「こんばんは」の挨拶も「こんパンダぁ〜」とする徹底ぶり。

さらに、パンダのメイクアップまでして、面白おかしい動画を配信していたのです。

そんな彼女がテレビにも紹介されるのですが、きっかけになった理由はいくつかありました。

まずはもちろん、キャラが人気になったこともあります。

それは「パンダだから」という、おかしさからだけではありません。

かつての彼女は現在より20キロ太っていたそうで、ダイエットしようと、大手のエステサロンに足しげく通ったそうです。

でも、どこで結果を出しても、結局はリバウンドしてしまう……。

それならと、自分でエステをはじめたのですが、そうした経緯もあって「続けられるダイエット」には自信があるわけです。パンダのキャラを使い「せっかく大金をエステなどに払うのであれば、失敗しないダイエットをしましょう」と、うったえかけ続けます。

そしてもうひとつ、彼女はことあるごとに、「自分の恩人は、出川哲朗さんです」ということを発信でうったえたのです。

なぜ、出川哲朗さんなのか？

じつは彼女はテレビで出川さんを観て、「うまくいかなくても、がんばることが大事です」という言葉にすごく刺激を受けたそうなのです。

だから彼のように、あえて「パンダ」のような面白キャラを続けることにした。格好悪くても、みんながそれで喜ぶならいいのではないか……と。

そうしたら「憧れの芸能人に会う」というテレビの番組の企画で、出川哲朗さんと共演するオファーが来ました。

結果的には、「メディアが取りあげそうなネタ」を上手に提供していたわけです。

テレビからさらに新しいお客さんが生まれたこともあり、いまや彼女の月商は8桁にまでなっています。でも、すべては自分のメディアで、自分が思い描くキャラを出していくことからはじまったのです。

ポイント

キャラと発信の軸をブレさせず、根気強く続ける

ラジオ番組だって十分に効果あり！

テレビだけでなく、ラジオだったり紙媒体のメディアも、戦略的に活用する余地が十分にあります。「オワコン」などでは決してありません。

たとえばラジオ番組ということならば、私もひとつ、インターネットラジオで番組を持っています。

それは「ゆうちゃんのIt's Your Time」(fm-GIG)という番組で、視聴者数を比べれば、それこそ全国放送のテレビ番組の比ではありません。微々たるものといってしまえばそれまでですが、その代わりヘビーなリスナーが多いことも確かなのです。

このことはラジオ放送全般に言えること。

ユーザー数はテレビに比べて圧倒的に少ないのですが、ニッチ層の根強いファンがいますから、すぐにアクセスがあったりして、ビジネスにはつながりやすい面もあるのです。

そんな私のラジオ番組に出演してくれた、福岡県大川市でイチゴの農家をやっている武下浩紹さん。

武下さんは「苺《いちご》一《いち》愛《え》」というキャッチフレーズで「あまおう」の普及に努めています。

ラジオ番組がきっかけというわけでないのですが、武下さんの生きざまに共感する人が多く、全国の講演会はリピートにつぐリピート。講演と農業の二本柱で、すでに年収1億円に挑戦するくらいの成功をおさめています。

ラジオだけでなく、世の中にはYouTubeで個人的な動画配信をしている人も多いし、紙媒体のメディアにメルマガにと数えていけば、皆さんの周りにも、たくさんのメディアが存在していることに気付くはずです。

そして5章で紹介するように、いまは「オンラインサロン」という新しいメディアが飛躍的に成長しています。

これらを上手に活かせば、草の根からでもコツコツと自分のキャラを浸透させることはできるのでしょう。

ですからもっと積極的にメディアを探し、「私を出演させてくれませんか？」とアピールしていいのだと思います。

出演数を重ねることは、メルマガの配信と同じ。どこかでピークに達すると、そこから急上昇して、ビジネスが拡大するのです。

ポイント

ラジオはコアなファンがつきやすい

第4章

テレビを味方にして、一気に有名になる

私が1日8時間、テレビを観る理由

本書では、私の本業でもある「テレビを使ったマーケティング」について、少し章を割いて考えてみます。読者の皆さんのなかにも、「テレビはほとんど観ない」という人は多くなっているでしょう。なにせ「自分を売り出すためにテレビに出よう」という私のセミナーに来る方でさえ、ふだんテレビを観ない人が多くなっているくらいです。

もはやテレビを観ることが、国民的な文化になっている時代は終わった……と考えていいと思います。

とはいえ、私は現在も、1日8時間はテレビを観ています。

どうしてそんなに時間がとれるの？　と思うでしょうが、事務所で仕事をしているときも、テレビをつけて、片目はテレビ、片目はパソコンを見ながら仕事をしているのです。

なぜそんなにテレビを観るかといえば、「どういう番組に、どういう人や、どういうお店や会社が出たら面白いか」を見極めるためです。

つまりテレビ番組でのプロデュースを考えるならば、まずはその番組自体を知らなければならない。相手のことを知ったうえでないと、プレスリリースを打っても、あまり効果が期待できないということなのです。

私の場合であれば、ニュースや情報番組だけでなく、たとえばドラマなども、ちゃんとチェックしています。

というのも、ドラマのロケ地などはプロモーションの材料にも使え、よく使われる範囲の場所にお店があれば、「うちで撮影ができますよ」という提案もできるわけです。

実際、「あのドラマで使われた場所です」というのを宣伝文句にしているホテルやレストランは多いし、観光名所になっていることすらあります。

「華麗なる一族」で使われた静岡県静岡市の日本平ホテルや、「逃げるは恥だが役に立つ」

で使われた、伊豆市の「宙 SORA」という旅館などは典型でしょう。

ドラマの最後には、撮影協力のテロップがずらずらと出てきますが、それをチェックするだけでもプロモーションの参考になるわけです。

一般の人はそこまでする必要はないでしょうが、私のセミナーには「テレビをプロモーションに使いたい人」が集まっていますので、チェックのために**「ガラポンTV」**という機械を購入する人も多くいます。

「ガラポンTV」というのは、アンテナにこの機械をつないでおけば、ハードディスクに2週間から4週間分くらいの全番組を録画しておいてくれるものです。録画した動画は、携帯などでダウンロードして観ることもできます。

DVDなどと違って画質はあまりよくないのですが、メディアチェックは広くできます。4万円くらいで購入できるものですから、気になる方は探してみるといいでしょう。

ポイント

プロモーションの観点から、テレビをチェックしてみる

無料で芸能人に宣伝をしてもらう方法

マーケティングを考えたときに、テレビの影響力がいまだ甚大なのは、すでに本書で述べてきたとおりです。

とくに最近多いのは、地方の自治体が積極的にメディアを活用するケース。

その場合は、意外かもしれませんが、商工会議所を経由して話が進むこともあります。

発端は、アニメ映画でしょう。

最近は「君の名は」が有名ですが、映画の舞台となった土地の聖地巡礼で、岐阜県の飛騨に人気が高まったことがありました。そんなふうに映画の場所になったり、ドラマの舞台になったりすることが、地方の活性化につながるケースは出てきているのです。

じつはテレビ局も、ネタがないときに商工会議所に頼ることはよくあります。

ですからテレビでの紹介をねらう際、とくに地方の場合は、商工会議所に出入りしながらプレスリリースを用意するのもひとつの手段です。とくにＮＨＫの番組をねらうには、効果的かもしれません。

また、テレビ局にアプローチする前に、芸能人からの紹介を画策する手段もあります。

実際に宣伝として紹介してもらったわけではないのですが、私の知り合いには、フラフープを使ったダイエットを教えている女性がいます。

彼女はフープダンスを広めるための協会の活動もしているのですが、ここで使用しているフラフープを、女優の深田恭子さんがＣＭで使ったことで話題になりました。

意図せずとも、深田恭子さんが使ったことで「私もやってみよう」とお客さんが増えたのです。いまでもそのことを売り文句にしていますから、やはり芸能人の影響ははかりしれないものがあります。

芸能人やモデルには、インフルエンサーとして、流行の火付け役になっている方もいます。それだけに大手企業は、やはり広告戦略としてインフルエンサーとなる著名人を最初から活用しているのです。

ある有名なモデルが、美容系の商品のことをTwitterでつぶやけば、それだけで１２００万円の売上が出ることもある。その代わり、ひと言をつぶやいてもらうのに、４００万円の費用がかかったりします。

だから一般の人には、なかなかできない。

けれども最初から、所属事務所に無料の商品提供をしてしまえばどうでしょう？

さすがにインフルエンサーとしてお金をもらっているプロは、提供された商品を紹介しないかもしれません。でも、そうではないまだ駆け出しの人であれば、ひょっとしたらどこかで語ってくれる可能性もあります。

そうしたら今度は、「○○に所属している、△△さんも愛用の品」と、こちらからプロモーション材料にしてしまう。

ずるいようですが、芸能事務所にとっても無名の芸能人を売り出すチャンスです。苦情を言われることは、ほとんどありません。

実際、ひとくちに芸能人といっても、皆が知っている人というのは氷山の一角。事務所に所属しているけど表に出てこない人は、山ほどいるわけです。

そういう人たちを使うのであれば、それほど値段も高くはありません。

だいたい芸能人の出演料というのは言い値のところがあり、大きなテレビ局や名の知れた週刊誌が払うギャラによって、相場のようなものが決まってきます。

ですから、テレビや雑誌に出ない人であれば、事務所のほうも融通がきくわけです。

「こういう感じの人が何人か欲しいのですが……」という指名の仕方で安く出演してもらえます。

そのほか居酒屋やレストランでも、芸能人が来たときにサインをいただき、それをお店に飾って宣伝材料にしているところはいくらでもあります。お金をかけてCMをしなくても、じつは口コミで有名人に紹介してもらう方法は、いくらでもあるのです。

ポイント

最初に事務所をオトせ!

攻めるインターネットテレビ、守る地上波テレビ

私が勤めていたころのテレビ業界は、それこそ大バブルのような時代でした。なにせ福島にいた私ですら、タクシーのチケットだけで、月に30万円近くは使っていたくらい。それはすべて「情報を早く得るため」であって、いい言い方をすれば、ひとつのコンテンツをつくるのに、テレビ局も経費を惜しまなかったわけです。

ところが、現在のテレビ業界では、そうした状況も変わってきています。

それは広告費などの予算が、かつてほどつかなくなったこともあります。

さらに倫理的な規定で、番組づくりに制約が多くなったこともあるでしょう。たとえば

早朝の枕元でバズーカ砲をぶっ放すような番組をつくったならば、現在ではクレームの嵐になってしまいます。

そんな制約下にあって、いまチャレンジングな番組をつくりたいと考えるクリエイターは、インターネットメディアに進出している傾向があります。

その象徴は、なんといっても「AbemaTV」でしょう。こちらはテレビ朝日とサイバーエージェントが提携してつくった動画配信のテレビ局で、2016年に開設したばかり。それでも「亀田興毅に勝ったら1000万円」という企画では再生数が1420万。元SMAPの3人が出演した「72時間ホンネテレビ」では7400万のアクセスと、通常のテレビ局ではできない企画で大人気のメディアとなりました。

いまのスマホでは通常のテレビ番組が観られないものが多いので、通勤や通学の電車のなかでは、この「AbemaTV」を視聴している方も多いのではないでしょうか。

インターネットテレビを新しい活躍の舞台にしているのは、制作側の人間だけではありません。

たとえば芸能人でよく言われるのは「テレビの芸能枠がつねに500席しかない」とい

うこと。だから500席をめぐって、激しい争奪戦がおこなわれています。

めまぐるしい席替えのなかで勝てなかった芸能人は、いくら才能があっても地方回りを余儀なくされてしまうわけです。

けれども、それはいままでのこと。インターネットテレビは、機会に恵まれなかった芸能人にも、活躍のチャンスを与えました。

新しい芸能人がネットで話題になることで浮上してきたり、また芸能枠から溢れてしまったかつての人気者が、ネットの世界でV字回復して、再び脚光を浴びるようなことが起こっています。

すると当然、「テレビを自分のキャラを売る機会にしたい」「それをビジネスチャンスにしたい」と考えている人々にも、インターネットテレビは大きな市場を提供していると考えていいでしょう。

ポイント
インターネットテレビの普及で、裾野が一気に広がった

なぜ、通販番組は深夜に放送されるのか？

実際、インターネットテレビというのは、マーケティングに利用することを考えても、通常のテレビよりずっとハードルが低くなっています。

これは当然で、インターネットテレビというのは、普通のテレビ放送のように配信数（チャンネル数）に限りがあるわけではないからです。

ネット上にある他のコンテンツと同様、企画はいくらでもつくれるし、チャンネルもいくらでもつくれる。すると当然、一般人が利用できる番組も多くなってきます。

たとえば「AbemaTV」と同様、サイバーエージェントがつくったインターネットテレビ局に「FRESH LIVE（フレッシュライブ）」があります。その特徴は、審査に合格さえすれば、誰でも番組を持つことができることです。

考え方は、ほとんどYouTubeで動画を配信するようなものでしょう。

もちろん視聴者数は通常のテレビ番組と比較できませんが、自分自身が著名人になったような感覚で番組の司会者だってできてしまうわけです。

それを大勢の人に観てもらえるのであれば、理論的には「宣伝したい放題」ということになります。

自分で番組をつくっても、はたして観てくれる人がいるだろうか？

そこは考え方次第で、たとえば通販番組というのは、売る側のみならず、テレビ局にとっても非常に旨味のあるドル箱になっています。何も規制がなかったら、24時間、テレビは通販ばかりになってしまうかもしれないくらい。

つまり、それくらい「テレビでモノは売れる」ということなのです。

私がテレビ局にいた当時、「パチンコと通販は、日中の時間帯に放送するのを制限しよう」という話があり、深夜枠に追い込まれただけ。それくらい、勢いがありました。

ただ、深夜の時間に放送することが、逆に仕事を終えてテレビをつけるキャリアウーマンなどの視聴者層に合ったこともあり、現在でも通販の番組は大人気です。

もちろん通販の番組でも、誰もが成功するわけではありません。

たとえばジャパネットたかたなどは、やはり見せ方を非常に研究しているわけです。同じようなことを初心者がやったところで、そうそう視聴者がつくということはないでしょう。

けれども「視聴者数＝ファン数」でもないし、たくさんの人が見れば売上が上がるわけではありません。

別に形式は、テレビだろうがインターネットテレビだろうが、それこそYouTubeだろうがFacebook動画だろうが構わない。ようは「欲しい」という人にピンポイントで情報が届けばいいだけの話です。

セットが殺風景だったり、字幕の表記が華やかでないなど、演出のクオリティがいくら低かったとしても、自分が喉から手が出るほど欲しいものが紹介されるなら、やはりアクセスしてしまいますよね。

つまり、インターネットを使った放送のポイントは、こちらが出す情報やキャラ、あるいはパフォーマンスに対して、いかにピンポイントに「それを観たい」という視聴者に届けるかがカギになってくるのです。

そのポイントを外してしまうとまったく観てはもらえないし、うまくはまれば、そこから火がついて評判がどんどん広まっていく。そのためには、どんな人がどんな番組を観るかを、ふだんから研究していることが重要でしょう。

ポイント

インターネットテレビは観たい人にピンポイントで情報を届けろ

テレビで取り上げてもらいやすい売り出し方とは？

テレビ局では、いったいどんなふうに、評判が広まるような番組づくりをしているのでしょう？

最近はテレビ局も経費削減の波で、いかにセンセーショナルな番組をつくって視聴率をとるということより、地道でも反応率が高く、営業もできるような番組をねらっているところがあります。

そこで活躍するのは「リサーチャー」という人々です。

「リサーチャー」はテレビ局内の人のこともあれば、制作プロダクションだったり、広告代理店が入ることもあります。

いずれにしろ彼らは、数多くのネットの反応や、あるいはその足で人気スポットを探しまくり、「これが流行りそうだな」という情報の種のようなものを見つけてきます。

それからは仕掛けです。

番組の企画と演出によって、視聴者が「なるほど、こんなものが流行っているのか」という既成事実のようなものをつくりあげる。

これはニワトリが先か、タマゴが先か……といった話になるのですが、結果的にはテレビに紹介されたことで、お客さんが大量に動く結果につながるわけです。

そこで「この仕掛けに乗れるか？」というのが、該当するビジネスに携わっている人にとっては、ビッグチャンスをつかめるかどうかの分かれ目になります。

たとえば報道番組で、「いま、エスニックブームです」という特集があるとしましょう。

たいてい多くの番組にはPR会社も入っていますから、いくつかのお店からは広告料をもらって、宣伝を兼ねたピックアップがおこなわれます。

ただ、それだけではラインナップが足りないこともあるわけです。

このとき特徴のあるタイ料理店が、ちゃんとプレスリリースを出していれば、採用される可能性はかなり高くなります。

これは、飲食店だけではありません。

いや、むしろマーケティングの側から目にとまりにくい、飲食店以外のビジネスのほうが、かえって番組に送ったプレスリリースが採用されやすい面もあります。

たとえば、高田純次さんが出ているテレビ朝日の「じゅん散歩」や、日本テレビで土曜の朝にやっている「ぶらり途中下車の旅」、テレビ東京で日曜の夜に放送されている「モヤモヤさまぁ〜ず2」などの番組を、あなたはご覧になったことがあるでしょうか？

いずれも、ある特定の町をメーンパーソナリティの芸能人が歩いてレポートする番組。紹介されるものには、必然的に飲食店が多くなります。

けれども飲食店ばかりでは番組になりません。3食＋スウィーツとしても、食べているばかりでは面白くありませんから、他のイベントも構成上は欲しいところ。

そこで、たとえば面白いものをつくっている工場だったり、小さな美術館であったり、地元の有志が集まっているサークルだったりというのは、チャンスになるわけです。

実際、地元の会社で商品開発をしている部署とか、竹細工をつくっている職人とか、またはフラダンスを踊っているメンバーや、あるいは単に近くの公園でバイオリンを弾いている面白いおじさんだったりと、さまざまな個人やグループ、会社などが、こうした番組では取り上げられます。

ではいっそのこと、トータルで提案してみるのはどうでしょう?

たとえば、あなたが神楽坂でカフェを営んでいるとして、それだけでは特色も薄く、なかなか番組で取り上げるのは難しいかもしれません。

そこで近所を回り、珍しいものをつくっている工場とか、変わったことをしているサークルとか、ネタになりそうな人を探してくる。これにおススメの料理店をいくつか加えて、トータルで番組サイドにプレスリリースを送ってみるわけです。

制作側としては、それだけで探す手間も省けてしまうのですから大助かりですよね。

さらにこれを強化するには、まず自治体や商店街に話をもっていって、そちら経由でプレスリリースを打つ。そうしたら公共団体のお墨付きというわけですから、プレスリリースの信用性も高くなります。

当然ながら、自治体や商店街としても地域振興になりますから、テレビ番組で紹介されるのは大歓迎。そのなかに自分のお店も加えてもらえれば、何かあったときに紹介もされやすくなるでしょう。

仕事柄、私は町を歩いているとき、まったく自分とは関係がなくても、「この店とこの店を取材して……」と、仮の番組構成をよく考えています。

つくり手側の立場で考えることは、そのまま「自分のキャラをどう売るか」という戦略にもつながりますから、これは非常におススメの思考トレーニングです。

ただそのためには、やはりテレビ番組を実際に観て、頭のなかにパターンをつくっておく必要があるでしょう。

ポイント

トータルで企画ごとテレビ番組に提案してみる

アポなしだって、テレビ局には営業できる！

どのようにテレビ番組に対して、自分を売り込むのか？

あとで詳しく紹介しますが、そのための「企画書」となるのがプレスリリースです。

これが番組に採用されるための、生命線になると考えていいでしょう。

その書き方は後に紹介するとして、いったいそれを誰に持っていけばいいのか？

難しく考える必要はありません。テレビ局に電話して、「この番組のスタッフに送りたいのですが？」と、送付先を聞くだけのこと。

もちろん直接会いに行くのであれば、それに越したことはありません。

じつは、意外にテレビ局の制作者というのは、時間さえあれば、外部からのプレスリリースをちゃんと見てくれるものです。

かつて私も、まったくの面識もなしに、クライアントに同行してテレビ局に出向いたことがあります。電話一本かけて、「これから届けに参ります」と、名古屋のテレビ局にアポなしに近い営業をかける……。

すると、ちゃんと担当者が現れて、話を聞いてくれたのです。

もちろん、そうでない担当者も大勢いるでしょうが、少なくとも最初から「ムリ」と決めつける必要は、まったくありません。

このとき番組企画に通ったかといえば、残念ながら見送りになっています。たまたま2日前に同じテーマの特集を放送したばかりだったらしく、「もっと早く提案してもらえれば……」と、とても残念がられました。

ただ、ボツになっても、話をすることで「担当者がどんな企画を望んでいるか」を知ることができます。

「プレスリリースを送ってそれっきり」では、次の対策がなかなか見えてきませんから、傾向を知るだけで大きな収穫になるわけです。

さらにいえば、「また、いつでも提案してください」と言われていますので、新しい提案ができたら、今度はちゃんと担当者にアポイントをとって相談に行くことができます。私のような仕事をしている人間にとって、このつながりができることは、とても大きな武器になります。

もちろん、最初から担当者の名前がわかっているなら、その人宛に連絡をしたほうがいいのは言うまでもありません。

たとえばテレビの番組を観ていれば、終わったあとにエンドロールが流れて、そこにプロデューサーは誰、ディレクターが誰、と名前が出てきます。

一度、そこで名前が出てきた方に手紙を書いてみれば、チャンスが生まれることもあるでしょう。

また、最近はふつうのセミナーや交流会にも、テレビ関係の方が来ていることが多くなりました。実際、私も朝の勉強会や大きなセミナーなどで、放送作家や制作会社のスタッフに何度かお会いしています。

こうした機会があれば、ぜひ大切にして、「面白い企画があったら、お送りさせていただいてよろしいでしょうか」とコンタクトをとっておくべきでしょう。

これはもちろん、出版者の編集者や、ブロガーやYouTuberといった、影響力のあるメディアを持っている人でも同じこと。あらゆる仕事に言えることですが、幅広い人脈をつくることが、自分を売り出すうえでの大きな力になっていきます。

ちなみに先ほどの名古屋のテレビ局の件ですが、２０１８年8月、そのクライアントはテレビ取材を受けました。最初の訪問からは1年半が経っていましたが、あの日、勇気を出して出向いたことが、テレビマンの心をつかんだのです。

ポイント

直接アプローチが実を結ぶことは、意外にある

効果的な「プレスリリース」のつくり方

ここでテレビ局に送る、プレスリリースについて考えてみましょう。

いままでこうしたものにふれて来なかった方には、何より実物を見ていただくのが一番だと思います。

そこで、158〜163ページに、実際にテレビ局に届けているプレスリリースを載せましたので、まずは参照してみてください。

「記念日」を
入れる

Press Release

平成27年9月14日
和田画廊

報道関係者各位

動物愛護週間：墨の模様に潜む動物の絵画展示会開催
期間限定、動物絵画のポストカードを販売

墨という古典的画材を用いて現代美術の可能性に挑戦してきた新進気鋭のアーティスト、サイトウ・ミキが9月15日より和田画廊で個展を開催しています。彼女の動物の絵は全米アートコンペでも最優秀賞の高い評価を得、今回はその新作を展示すると同時に、動物愛護週間期間限定のポストカードも販売致します。また、9月26日にアーティスト・トークも開催しますので是非お越しください。

サイトウ・ミキは、1985生まれ、兵庫県出身の美術家。全米若手アーティスト美術展での最優秀賞受賞や、多くの入選を果たしている期待の若手です。日本の伝統的墨流しの技法を取り入れ、独自に開発した「墨に潜む動物」シリーズは、「動物の優しい眼差しに心打たれる」や「雲を見て動物を想像した幼少期を思い出す」と評されています。昨年から日本で活動を開始。今年は、ANAインターコンチネンタルホテル東京での個展、麹町コレクションの2人展などを開催し、精力的に活動してきました。

写真があると、
イメージしやすい

墨の中に浮かび上がる、不思議な表情を持つ動物達は、幻想と謎解きのような面白さを感じさせ、観る人によっては他の人に見えないものが見えたり、動物達の不思議な眼差しに思わず引き込まれてしまいます。幼い頃から動物をこよなく愛し、その気持ちを独創的な作品で表現した絵はまるで動物が何かを語りかけてきているかのような気持ちにさせられます。

動物愛護週間と重なるこの時期に、ご来場者の方々に、改めて、動物達と対話する気持ちを彼女の絵を通して楽しんでいただけたらと思います。今回の展示に伴い、制作の裏話や絵に対する想いが聞けるようにと、9月26日にサイトウ・ミキのアーティスト・トークを準備していますので、是非お越しください。また、作品を気に入っても絵画はちょっと高くて買えないという方のために、動物愛護週間期間限定で作品のポストカードも販売致します。ポストカードの売り上げの一部は「NPO法人ツシマヤマネコを守る会」に寄付される予定です。

【サイトウ・ミキ「Celestial Crossing（天体の交差点）」展概要】

日時：9月15日（火）-10月03日（土）時間：火～土11:00 -18:30 (日・月・祝　休廊)
会場：和田画廊　〒104-0028　東京都中央区八重洲2-9-8 近和ビル302
交通：東京メトロ　京橋駅徒歩1分　★開催中はどなたでも 入場無料 でご覧いただけます。

<本件に関するお問合せ・お申し込み先>

〒104-0028　東京都中央区八重洲▲-▲　TEL：03-3231-××××　担当：●●
E-mail: info@××.com　URL：http://××.com

記念日を活用

プレスリリース
ひまわりネットワーク
じもサタ 番組ご担当者様

2015年10月20日
有限会社小野田石材
代表取締役 小野田 大治

「いい石の日」に石臼を使った餅つき体験会を実施

有限会社小野田石材(豊田市宮上町4-76 代表取締役 小野田 大治)は、11月14日(土)の「いい石の日」に、自社で製作した石臼を使っての餅つき体験会を実施いたします。

毎年11月14日は「いい石の日」です。これは、「いい(11)石(14)」の語呂合せから、山梨県石材加工業協同組合が1992年に制定したものです。以来、弊社でも墓石で先祖を供養する文化を伝える日、石を加工する技術を知ってもらう日として活動をしています。今年は土曜日ということもあり、地域の方を招いて、石臼を使った餅つき体験会を実施いたします。
この体験会では、地元の子どもたちや家族が幅60センチ高さ20センチの石臼で、きなこもちとしょうゆもち、合わせて6キログラム、100食分をつき上げます。

弊社は今年で創業70年、私で3代続く石材店ですが、先代が経営していたおよそ25年前にも、貴局に石臼を使った餅つきの取材をしていただきました。私は当時まだ学生でしたが、父が地元のテレビ局に取り上げていただいたのを見て、誇らしい気分になったのを覚えています。そこで、今の地域の表情を、地域の活動を応援する番組「じもサタ」でも取り上げていただけたら、大変嬉しく思います。

地域密着

～石臼を使った餅つき体験会～

日時：2015年11月14日(土)10:00-12:00
場所：有限会社小野田石材(〒471-0038愛知県豊田市宮上町4-76)
内容：地域住民による石臼を使った餅つき体験
きなこもち・しょうゆもちの無料配布(限定100食)

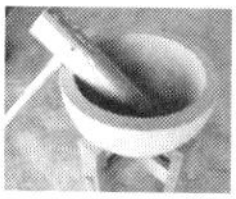

この餅つきを通じて、最近失われつつある古くからの日本の風習を、地域の子どもたちに伝えていきたいと考えています。また、みんなで力を合わせて餅をつくことで、粘り強く生きることや、家族の団結力を強めるきっかけになればと思います。
取材にお越しいただければ、餅つきを体験して、つきたての餅を食べていただくことが可能です。弊社の餅つき臼はHP: http://www.onoishi.jp/sp/usu.htmlに掲載してあります。)

<本件に関するお問合せ・お申し込み先>

有限会社小野田石材　担当:代表取締役 小野田 大治(オノダ ダイジ)
TEL: 0565-32-2427　携帯: 090-▲▲▲▲-××××
FAX: 0565-32-2519　E-mail: info@onoishi.jp

動画で事前にイメージしてもらう

「記念日」を
入れる

タイトルで足りない部分を
サブタイトルでカバー「業界初」

ニュースレター
プレスリリースご担当者様

2015年11月25日
FP相談室 マネー＆キャリア
大内 優

ペットの困りごと相談サイト「ペット相談センター」開設

～ファイナンシャルプランナー（FP）業界初のペット特化型専門サイト～

FP相談室 マネー＆キャリア（本店:千葉県船橋市夏見6-12-20-609 代表 大内 優）は、このほどペットに関する困り事相談サイト「ペット相談センター」を開設しました。ファイナンシャルプランナーがペットに特化した相談を受けるというサービスは、業界初です。

「網掛け」
で強調

FP相談室マネー＆キャリアは、昨年9月の開業後、家計や住宅ローンの見直し、資産運用などの相談業務を行ってきました。しかし、顧客が増えるにつれ、ペット絡みの相談が増えてきました。相談は「愛犬用のリフォーム工事を専門にしてくれる工務店を紹介してほしい」というものから、「愛犬と愛猫を転勤先に連れていくことができず、昇進を諦めた。自分が万が一のとき、ペットにお金を遺す方法を教えてほしい」というものまで、多岐に渡ります。

いずれの方もおっしゃるのが、「ペットのお金や健康、生きがい…全てを相談できる人が、周りにはいない」ということでした。
そのようなお客さまの声に応えるため、私たちは今回ペット相談センターの情報提供サイトを開設しました。このサイトでは、ペットの飼い主の役に立つ情報の提供はもちろん、ペットに関する困りごとを持つ飼い主は、パソコンでも対面でも相談できるのが特徴です。

私たちはこの活動を通じて、飼い主がペットとより深く向き合うことができ、ペットビジネスに関わる専門家が専門分野により注力し、高度で高満足なサービスを提供できるようになることを願っています。

目指す将来像
を明記する

今後もペット相談センターでは、実際に寄せられた相談の声を、可能な限りメディアの皆さまにお伝えしていければと考えております。そのなかで、興味を持たれたものについて、現代のペット事情として、是非取り上げていただければ幸いです。

<本件に関するお問合せ・お申し込み先>

FP相談室 マネー＆キャリア（ペット相談センター） 代表 大内 優（オオウチ ユウ）

TEL: 0120-783-536　携帯: 090-2933-0168
FAX: 047-413-0423　E-mail: ouchi@money-career.jp
ペット相談センター HP: http://www.pet-consul.jp

地域発信の情報は、「発」が効果的

報道関係者各位
プレスリリース

2016年6月12日
パームトーンレコーズ

【京都発！】Jリーグ昇格へ　風よ、吹け！
BBガールズが「風のファンタジスタ」で地元アミティエSCを応援
―PVには人気FW 岡本秀雄選手も出演―

今年4月に発売した当レーベル所属のBBガールズの3rdシングル「風のファンタジスタ」が、現在もラジオを中心にパワープレイがかかるなど、発売から2か月がたった今も、人気を集めています。

BBガールズは、抜群の歌唱力を誇る田嶋ゆか（タジ）と、洒落たフレーズを奏でるキーボードの万木嘉奈子（ゆるぎかなこ）（カナ）の二人組で、2013年7月に1stシングル「まだまだGIRLでいいかしら」でデビュー。
その後はfm GIG「まだまだGIRLでいいかしら」のパーソナリティを務めるなど、京都を中心に活動しています。

BBガールズ
（左：田嶋ゆか 右：万木嘉奈子）

今回の「風のファンタジスタ」は初のサッカーをテーマにした楽曲で、「倒れてもまた立ち上がる強さ」を歌っています。現在、京都といえばJ2のクラブチーム「京都サンガF.C.」が有名ですが、関西サッカーリーグ（アマチュアリーグ）に所属するアミティエSCもJリーグ昇格を目指して奮闘中です。アミティエSCに念願のJリーグ昇格を果たしてほしい、この楽曲にはその思いが込められています。

地元応援のメッセージも効果的

楽曲のプロモーションビデオ（PV）には、過去にJ2でのプレーを経験した、アミティエSCの人気FW岡本 秀雄選手を起用。試合同様、華麗な技術を見せています。

ミュージシャンのPVにスポーツ選手を起用する例は多く、前回FIFA W杯のテーマソングを歌う歌姫シャキーラのシングル「ラ・ラ・ラ」には、メッシやネイマールといったスーパープレイヤーが登場。また、田中将大選手（現ヤンキース）はFUNKY MONKEY BABYSの「あとすこし」に登場するなど、観る人に夢と希望を与えています。

今回の「風のファンタジスタ」のPVも、京都で活躍するミュージシャンとサッカー選手がタッグを組み、観る人を勇気づける内容となっております。

京都に2チーム目のプロサッカーチームを誕生させるべく、今回の楽曲「風のファンタジスタ」を各メディアの皆様に応援頂ければ幸いです。また、取材・放送いただける際には、インタビュー・メッセージ・PV素材の提供など、ご要望により対応いたしますので、ご連絡ください。

お問い合わせ先

パームトーンレコーズ　広報部　担当：曽我（そが）未知子
Mail：soga@fm-gig.net　TEL：080-▲▲▲▲-××××

テレビに協力できることを具体的に明記している

プレスリリース

2018年3月吉日
メディア活用研究所

報道関係者各位　　新刊リリースのお知らせ

認知症は自分で治せる

脳の専門医が考案した「OK指体操」のすごい効果

竹内東太郎(東鷲宮病院 高次脳機能センター長)著　マキノ出版刊　3月16日発売　定価：1300円＋税

脳神経ルートが生まれ変わり、認知機能が回復する！

東鷲宮病院 高次脳機能センター長である竹内 東太郎(たけうち とうたろう)医師は、この度「認知症は自分で治せる」(マキノ出版)を出版することになりました。この本には、脳の専門家である竹内医師が考案した「OK(オッケー)指体操」が紹介されています。

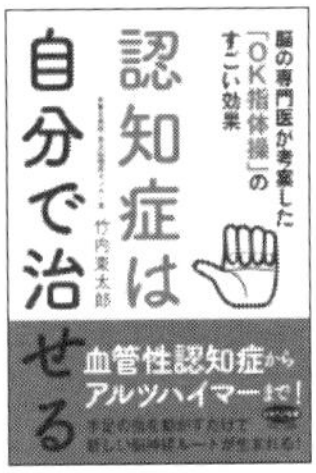

【著者略歴】 竹内東太郎(たけうち・とうたろう)1948年、東京都生まれ。1972年、日本大学医学部卒業。駿河台日本大学病院脳神経外科医局長、東松山市立市民病院脳神経外科部長、南東北医療センター院長、行田総合病院病院長、小金井太陽病院病院長、本川越病院病院長などを歴任し、現在は東鷲宮病院高次脳機能センター長を務める。特発性正常圧水頭症をはじめ、認知症の診断・治療に力を入れている。

「OK指体操」は、働きの悪くなった脳に新しい神経の道(情報伝達ルート)をつくり出すことで、認知症を改善させる、「魔法の体操」と呼ばれています。音楽に合わせて手や足の指を動かすだけなので、高齢者でも、身体が不自由であってもできる、ごく簡単な体操です。これまでに血管性認知症からアルツハイマーまで、「OK指体操」に取り組んだことで、認知機能が改善した喜びの声が続々寄せられております。また、導入をはじめた老人ホームでも、楽しみながらできる「OK指体操」の評判は上場です。患者さんやご家族の喜びの声も、本書で詳しく掲載してあります。
また、認知症を手術で治すための最新治療もご紹介しています。「認知症は治らない」は、過去の常識です。是非、この書籍を手に取った方に、勇気と希望を与えられればと考えております。

【書籍には、認知機能が回復した喜びの声が続々！】
- 「夫に活発さが戻り、脳梗塞のマヒも軽快！」
- 「母が趣味だった数字パズルに再び熱中！」
- 「義母の車椅子生活が一変し、自力で歩ける！」
- 「母が悩んでいた頭のモヤモヤが消失！」
- 「妻が家事を再開し、普通の生活に戻れた！」

＊著者のインタビューやOK指体操の収録など、取材に必要な撮影がございましたら、ご遠慮なくお申し付けください。

＜本件に関するお問合せ・お申し込み先＞

メディア活用研究所　担当：大内 優(おおうち・ゆう)
〒101-0047東京都千代田区内神田3-18-4第一杉本ビル201　TEL: 03-5244-4820　E-Mail: ouchi@money-career.jp

プレスリリース

2018年6月●●日
ボディケアサロン フェスドピエ
代表　鈴木 優子

名古屋テレビ放送株式会社
ドデスカ木曜日「ハヤリモン」
プロデューサー●●様

輪ゴムを指に巻くだけで、誰でも「ほっそり脚」に！
－夏に間に合う！ズボラ主婦でもできる、日本一かんたんなダイエット、「輪ゴム美容」－

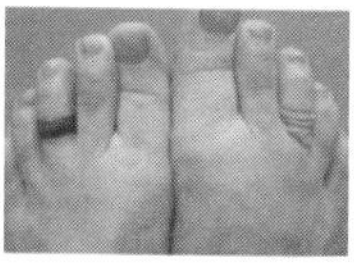

ボディケアサロン　フェスドピエ（愛知県みよし市●●　代表鈴木優子）は、エステ暦30年の経験を活かして、女性のスタイルアップ（ほっそり脚・姿勢矯正・ダイエットなど）のお手伝いをしています。通常、スタイルアップというと、高額なマシンを使ったり、サプリを採らせたり、負荷のかかる運動をさせたりといったイメージがあるかもしれませんが、私が使うのは、輪ゴムだけです。輪ゴムを手や足の指に巻きつけるだけで、理想のボディが手に入ります。この輪ゴム美容をとり入れているのは、愛知県内では唯一、当サロンのみです。

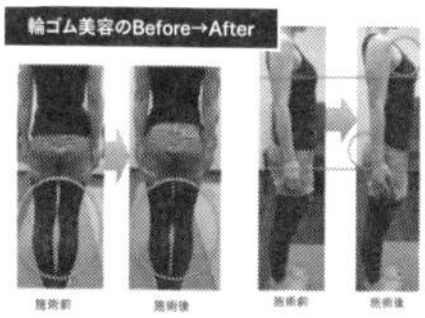

この輪ゴム美容は、開発者の秋元恵久巳氏の名前にちなんで、「秋元式ほっそり脚メソッド」と呼ばれています。脚の形は生まれつきではなく、筋肉の使い方によって変わります。そのため、使いすぎた筋肉を輪ゴムで矯正することで、「ほっそり脚」を作ることができます。さらに、血液の循環も良くなり、ダイエット効果も得られます。これまで、O脚・X脚・冷えむくみが解消した、1週間で太ももが2センチ細くなった、6週間でパンツが2サイズダウンしたなどの効果が出ています。

また、輪ゴムはどんなものでも構いません。スーパーの惣菜や弁当のパックに使われているものはもちろん、髪を留めるヘアゴムでもできます。1日10分程度でできること、忙しく時間の取れない方、高齢の方も無理なく取り組むことができる、「日本一かんたんなダイエット」です。世の中に脚痩せの方法はたくさんありますが、この輪ゴム美容は、一度修正すれば普通に生活していてもずっと美脚のままでいられるのも、大きな特徴です。

私自身、小学生の頃「なんでそんなに脚が曲がってるの？」と友達に言われてから、自分の脚がずっとコンプレックスでした。ダイエットをしても、脚の悩みは解消されないばかりか、リバウンドを繰り返し、体調まで崩しました。そんな時に出会ったのがこの輪ゴム美容でした。結果、ダイエットができて、コンプレックスからも解放されました。私のようなコンプレックスを抱えた女性がたくさんいます。是非、貴番組で取り上げていただき、誰でも、楽して痩せられるこのメソッドで、東海地方で明るく元気な女性を増やしていけたらと考えています。取材では、実際に輪ゴム美容を体験いただき、10分程度でもビフォーアフターを比較していただくことが可能です。実際のサロン利用者のインタビュー等、可能な限りご要望にお答えいたしますので、お気軽にお問い合わせいただければ幸いです。

【取材に関する連絡先】

ボディケアサロン フェスドピエ　代表 鈴木 優子（すずき ゆうこ）
愛知県みよし市○○　TEL：●●-▲▲▲▲-××××　携帯電話：080-▲▲▲▲-×××
メールアドレス：●●●@▲▲.jp　HP: http://www.▲▲▲▲▲▲.jp

おそらく読者の皆さんのなかには、「これだけ？」と感じた方も多いでしょう。

その通りで、プレスリリースは原則「A４の用紙１枚」と考えていますから、企画書や報告書よりも、ずっと簡単なものです。

逆に言うと、それ以上に長いものを書いても、忙しいテレビ局の人は見てくれません。だから紙面自体も、まず「ビジュアルで目をひく」というのが大前提になります。

しかし、「A４の用紙１枚の簡単なものならば、つくるのが楽でいい」と思ったら、これは大間違いです。

この短い書面のなかに、送り手は売り出したいことを凝縮しなければいけないわけです。

それはそれで、センスのいる作業になります。

対策として私が教えているのは、次のページのようなフォーマットです。

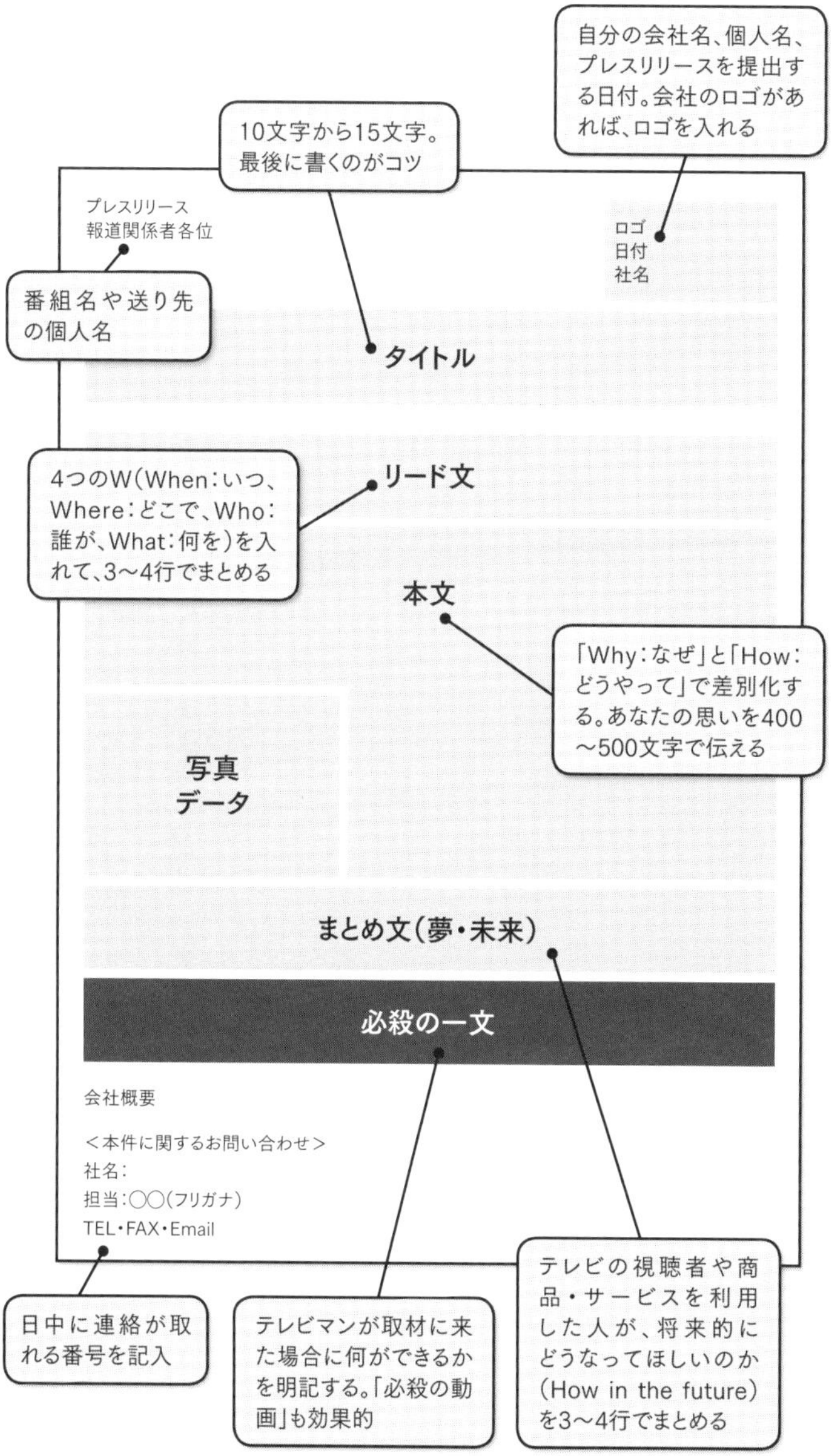
自分の会社名、個人名、プレスリリースを提出する日付。会社のロゴがあれば、ロゴを入れる
10文字から15文字。最後に書くのがコツ
プレスリリース
報道関係者各位
ロゴ
日付
社名
番組名や送り先の個人名
タイトル
4つのW(When:いつ、Where:どこで、Who:誰が、What:何を)を入れて、3〜4行でまとめる
リード文
本文
「Why:なぜ」と「How:どうやって」で差別化する。あなたの思いを400〜500文字で伝える
写真
データ
まとめ文(夢・未来)
必殺の一文
会社概要
＜本件に関するお問い合わせ＞
社名:
担当:〇〇(フリガナ)
TEL・FAX・Email
日中に連絡が取れる番号を記入
テレビマンが取材に来た場合に何ができるかを明記する。「必殺の動画」も効果的
テレビの視聴者や商品・サービスを利用した人が、将来的にどうなってほしいのか(How in the future)を3〜4行でまとめる

それでは、それぞれの注意点を簡単に述べていきましょう。

①　ひとつのプレスリリースに、たくさんのネタを盛り込まない

プレスリリースとは、「会社や個人を売り込むもの」でなく、あくまで「紹介したいネタ」を売り込むものです。こういうこともやっているし、こういうこともやっていると、いくつもの事業をアピールしたい人もいるでしょうが、その場合は別のプレスリリースをあらためてつくらなければいけません。

②　タイトルは短く、簡素に

書籍はもちろん、メルマガでも、あるいは広告でも、タイトルは命と言っていいくらい大切なものです。

ただ、間違っていけないのは、通常、自分のコンテンツにタイトルをつけるのは、それを「大勢の人に見てもらいたい」とか「購入してもらいたい」という意思があるから。本書のタイトルにしても、大勢の人に手に取ってもらいたい意図でつけられています。

こうした「売るための煽りタイトル」は、プレスリリースを見たとき、テレビ制作者がいちばん嫌うものです。

なぜなら、テレビ番組を放送する目的は、あなたの宣伝をすることではまったくありません。あくまで客観的な情報を、視聴者に提供することなのです。

むしろ宣伝要素は、極力排除すべきものです。

ですから、たとえば本書をプレスリリースのタイトルにするなら「キャラがこれからのビジネスのカギ」「キャラで売る時代がやってきた」など、面白みにはかけても、わかりやすい事実を伝えることが大前提になります。

できれば文字数は10文字から15文字で、すっきりとまとめることが重要でしょう。

ちなみに私の塾では、すべてのプレスリリースを書いてから、タイトルを最後に入れることを推奨しています。

通常の文章術とは異なりますが、「あくまでタイトルは要約を記入するだけ」とすれば、そのほうが相応しいものになりやすいのです。

③ リードは「4W」で3行程度

タイトルの下の「リード文」は、全体の要約を簡単にまとめたもの。2章で紹介したプロフィールと同じで、各センテンス60字で3〜4行にまとめることが理想です。

ここで重要なのは、「4W」です。

・When（いつ）
・Where（どこで）
・Who（誰が）
・What（何をするのか）

逆にいえば、この4つさえすぐにわかれば、リード文の役割は終了ということになります。変に煽り文句を入れず、淡々と事実を伝えることに徹すればいいでしょう。

④ 本文では「自分の思い」に絞り込む

「リード文」には「4W」を書きましたが、いわゆる「5W1H」で考えれば、残っているのは次の2つです。

・Why（なぜ、やるのか？）
・How（どのようにしてやるのか？）

この2つは、まさに自分の「思い」であり、それを実現させることができた経緯になります。こちらは400字から500字程度で、長くなり過ぎることなく、本文でまとめるようにします。

ただ、「思い」を書き連ねると、どうしても文章は宣伝だったり、自己アピールに傾き過ぎてしまうこともあるでしょう。

そこは客観的にとらえ、とくに商品やサービスであれば、「誰のためのものか」ということを明確に書くのがコツになります。統計やヒストリー（誕生秘話）などを入れるのも効果的です。

⑤ 写真＋動画でイメージアップ

プレスリリースに写真を入れるのは、イメージが伝わりやすく非常に効果的です。

とくに相手は映像で人に伝えるプロの方々ですから、「実際にどんなものが撮影できるのか」を知れば、番組を構成しやすくなります。お店や商品、あるいはイベントであれば昨年に撮影したものなど、イメージが一発で伝わるものを挿入するようにしてください。

さらに相手は映像で番組をつくるのですから、動画があれば、より効果的です。

もちろんプレスリリースに動画を入れることはできませんが、たとえばYouTubeにあらかじめアップして、そこへのリンクを記入したり、ＱＲコードを入れておけば、相手が見てくれる可能性も高くなります。

また直接プレスリリースを渡せる場合、私は録画したＤＶＤを一緒につけるようにもしています。もちろんテーマ自体に興味がなければ仕方ありませんが、いままでの経験からみても、動画を使うのは非常に効果的なようです。

⑥ 最後に「必殺の一文」を

プレスリリースの最後は「まとめ」ですが、ここには「将来の展望」を、まずはさらっと書きます。

たとえば「サービスを受けた人が将来、どうなってほしいか」とか、「世の中がどう変わってほしいか」など。飲食店であれば、「みんなが○○の味を知り、幸せになってほしい」などでしょう。

そして最後、私は「必殺の一文」と呼んでいるのですが、「テレビ局の取材者に対してできること」を付け加えておきます。

「実際に取材に来ていただけたら、○○していただくことが可能です」

そんなフォーマットになります。

たとえば、飲食店ならば「試食してもらうことが可能です」とか、「撮影用にフルコースを用意します」など。

「リポーターにサービスを体験していただくことが可能です」

「お客さんにインタビューしていただくことも可能です」

「試供品を出演者分、ご用意します」

「商品をスタジオに持ち帰っていただくことも可能です」

こうした心配りを添えておくことで、番組企画者の心も動かされるわけですね。

⑦ 曖昧な表現と誤字脱字に注意

あとは基本的なことですが、誤字脱字には注意すること。

それと「大勢の」とか、「さまざまな」といった曖昧表現は避け、できるだけ具体的な数字をプレスリリースには入れるようにしたほうがいいでしょう。

売上や集客数など、あまり実績に自信がないと、ついつい表現をごまかしたくもなる気持ちもわかります。

ただ、どのみち興味をもたれた場合は、質問で突っ込まれる部分です。その際に印象を悪くするよりは、最初から情報をオープンにしておいたほうがいいでしょう。

ポイント

プレスリリースはフォーマットどおりに作成する

マスコミが喜ぶ4つのキーワード

テレビ局に限りませんが、プレスリリースの際に、マスコミがとくに食いつく言葉というのがあります。

もし該当する要素が自分の側にあれば、売り込む際には好都合ですので、この際に知っておくといいでしょう。

①「○○初」

「日本初」「世界初」「業界初」など。

ほかにも「史上最年少」とか「史上最強」など、「史上○○」という言葉も有効ですが、とかく「ナンバーワン」を示す言葉にマスコミは強く惹かれるものです。

ただし根拠もなく「初」を名乗るのは、嘘になりますから注意してください。

②「○○発」

とくに地元のローカル局の番組で取り上げてもらおうとするとき、「滋賀発」「山梨発」といった形で、「そのエリアから、世界を目指す」といったニュアンスを出しておくことは効果的です。

③「○○年ぶり」

2018年の6月に大阪で地震があった際は、「422年ぶりに断層が動く」。同年の7月にロシアのサッカーワールドカップでフランスが優勝した際は、「20年ぶりの優勝」と、マスコミはこの「○○年ぶり」という表現が大好きです。

これは、それだけ意外性があり、「いままで表に出ていなかったものが、ようやく浮上してきた」というイメージがあるから。

しかも番組では、過去の歴史をふりかえって取り上げることも可能になります。

逆に「〇〇年連続」と、継続性をうたうのも、マスコミが取り上げたくなる要素ですから、「10年連続の増収益」などの業績は積極的にうたっていいでしょう。

④「〇〇なのに△△」

世間で話題になったり、口コミで評判が広まっていく要素のひとつに、「ギャップ」があります。

たとえば「焼き鳥屋さんなのにお洒落」とか、「ニンニクなのに臭くない」とか、「女子大生なのに土木作業員」とか。

なにかとこうしたギャップが、マスコミに受けやすいのは、皆さんもよくご存じでしょう。もし自分のサービスや商品がこのギャップをうたえるなら、これも積極的にプレスリリースに打つのが効果的になります。

総括してマスコミに受けやすいネタとしては、次の要素を含んだものが考えられます。

- ・世になかった新しいサービス
- ・地域活性化につながるもの
- ・子どもやお年寄り、障がいのある方など、弱者を救済するもの
- ・意外性があるもの
- ・世の中を非常に便利にするもの
- ・外国人に好評だったり、国際性のあるもの
- ・いままでの固定観念を崩すもの
- ・エコで自然に優しいもの
- ・伝統的なもの
- ・高齢者と若者など、世代間をつなげるようなもの
- ・裏方に光を当てるもの
- ・女性が活躍していること

・季節のネタとして取り上げやすいもの
・多くの人を楽しませるもの

さらに詳細は、よりテレビ活用のノウハウに特化した拙著『小さなお店・会社・フリーランスの「テレビ活用」7つの成功ルール』（同文舘出版）という本でも紹介しています。よりプレスリリースについて深く知りたい方は、そちらを参照していただくといいでしょう。

ポイント

マスコミ心をくすぐる言葉を覚えておこう

メディアに自分を売る際に、やってはいけない3つのこと

プレスリリースに限ったことではありませんが、あなたを「取り上げようかな?」と考えるメディアが、どうしても躊躇してしまうような要素もあります。

これはテレビ、ラジオ、出版、またインターネットメディアにも共通することです。失敗する方は非常に多いので、「何がメディアで嫌われるのか」を、ここで知っておいてください。

① 売り込み要素を強く出し過ぎる

先に述べたように、メディアがあなたを紹介するのは、あなたの宣伝のためではありません。ですから、自分の「売りたい」を強く出し過ぎると、嫌われる原因になります。

② 内容の詳細な説明ばかりを盛り込む

とくに商品をメディアで紹介したい場合、開発者側は機能であったり、あるいは価格などに重点を置きたがる傾向があります。

こだわりはわかるのですが、一般視聴者に伝わりにくい要素は、メディアの側も取り上げることを躊躇してしまいます。

ウリというのはわかりやすく、すぐに見てわかるものに絞ったほうがいいでしょう。

③ 他社の批判要素が強い

メディアというのは、どこの味方とか、どこの敵ということもありません。

他商品や他サービスは、あなたにとってはライバルでも、メディアにとっては、お客さんのひとつ。

ましてや、批判した相手がスポンサーになっていたら大問題になってしまいます。

これはＳＮＳやブログの投稿も同じで、いくら他より優れていても、批判すれば相手のファンを敵に回してしまいます。

まだ自分が無名のうちは、極力ネガティブな感情を引き起こさないよう、注意してプロモーションをしていきたいものです。

ポイント

売り込みすぎない、説明しすぎない、他社を批判しない

メディアに好かれる人、嫌われる人

もうひとつ、メディアに好まれるために重要なことは、スピードです。

というのも、決まった時間に放送しなければならないテレビ局では、緊急に番組をつくらなければならなくなるケースが多いからです。とくに商品やサービスを取材する場合には即時性も大事ですから、時間をかけてなどいられません。

だからプレスリリースが採用されて、「取材に行こう」と決まったら、電話一本で「今日の夜はどうですか？」とか「明日に取材しても大丈夫ですか？」という連絡になることがいくらでもあります。

このとき「今日はムリです」とか「確認しないとわかりません」などという対応をしていると、「なら、別のところに当たってみます」ということはいくらでもあるでしょう。

一方的には見えますが、そうでないと決まった時間に番組を流すことはできなくなる。メディアで自分を売りたいと思うなら、向こう側の都合を考慮しなければならない部分も出てきます。

電話の一本があるなら、それでもまだ準備する余裕がありますが、最近だと「やらせ」ではなく、本当にアポなし取材をする番組も、かなりあります。

このとき小さな会社で、「社長に聞いてみないとわからないのですが、いま外出中で」などと応対したのでは、取材陣もすぐ別のところに行ってしまうでしょう。

メディアは即決しか認めませんし、その決断を社長がしようが、アルバイトがしようが関係ありません。

そうした場合にチャンスを逃さないためには、まず「メディアが来た場合の対応」を、社内できちんと決めておくことです。

誰でもＯＫを出せるとして、どこまで取材ＯＫにするのか。どんな番組であれば、無条件で許可していいのかなどをあらかじめ決めておけば、機会を逃すこともありません。

実際、テレビに出たことによって、リスクを抱えることだってあるわけです。

すでに中止する予定のサービスが紹介されて、お客さんの要望に応えられなかったり。在庫がなくて、クレームの嵐になってしまったり……。

こうした状況をかんがみて、「メディアで紹介してよいもの」と「紹介してはいけないもの」は、皆が把握しているようにする必要があります。

また、当然ですが、いつ取材が入ってもいい環境を、常日頃からつくっておくことも大切です。

衛生状態が悪いのはもちろん、店員の態度が悪かったり、上司が部下を激しく叱っている様子などが放送されてしまったら、場合によっては悪評が立って、致命的にすらなりかねません。

部屋を散らかしている人は、いざ恋人から「家にお邪魔したい」と言われたときに、断らざるをえなくなる。これと同じで、ふだんから誰がやってきてもオープンに紹介できる環境は、つくっておかなければならないでしょう。

本章ではテレビを中心に、メディアに出る方法を紹介してきました。

ただ、関係のない番組にいくら出たところで、実際のビジネスにはつながってきません。

街頭インタビューのようなものは当然ですが、きちんと取材をされても、テレビ側が意図したように伝えてくれなければ、やはり意味なく終わってしまうのです。

とはいえ、メディアにこちらの言い分を通そうとしても、やはり自由にならないのが現実です。

もし自由に自分のことを表現したいならば、方法としては「自分のメディアを持つ」しかないのです。

最後の次章では、その方法について紹介しましょう。

ポイント

いつ、誰がメディアに取材されても対応できるようにしておく

第5章

自分にファンクラブをつける、オンラインサロン運営法

オンラインサロンは、汎用性のあるファンクラブ

自分のキャラを売っていくツールとして、いま飛躍的に成長しているメディアが「オンラインサロン」です。いったい「オンラインサロン」とは、何なのか？

言ってみれば、「テレビ」でみられるようなリアルなパフォーマンスと、ＳＮＳのような1対1のコミュニケーションを融合させたものと考えていいでしょう。

基本的には有料の会員だけが使えるネットコミュニケーションですが、なかでは録画した動画をアップしたり、リアルタイムで番組を流すこともできます。

つまり、あなたのキャラに惹かれた人のみが集まり、メッセージを直接送ったり、コミ

ユニケーションもできる場。

当然、会員は「あなたのお客さんになる」ということですから、普通のセミナーに参加するのと同じように、あなたには収益も入ってきます。つまりオンラインサロンは、自分のキャラをそのままビジネスにできる最も手っ取り早い手段でもあるのです。

現在、オンラインサロンのプラットフォームとして、最も広く使われているのはDMMオンラインサロンでしょう。

そのなかでも有名なのは、ホリエモンこと堀江貴文さんの「堀江貴文イノベーション大学校（HIU）」と、美食家としての顔もあるタレント、アンジャッシュ渡部さんの「渡部建のとっておきの店、こっそり教えます」。どちらもそれなりの会費なのにもかかわらず、何百～何千人もの集客に成功しています。

私自身もオンラインサロンには、いくつか携わっています。

そのうち大きなものは、元吉本興業のマネジャーである大谷由里子さんらと運営している「ビジネスタレント育成大学（BTA）」というもの。

ここはまさしく「売れたい人を売れる人に変える」というビジネスサロンで、本書で述べてきたような「キャラをつくって売り出す方法」を皆で追求する集まりです。なかではメンバー自身が能動的に活動をしていて、全国各地持ち回りで「定例会」を開いています。

オンラインサロンには、ファンクラブ的な側面と、共通の目的をもった人のサークル活動的な側面があります。ネット上ですから遠方の人でも時間や場所を気にせず、気軽に参加できるのが特徴になっています。私がプロデュースしているオンラインサロンでは、オーストラリア、ハワイ、台湾、セブ島など、海外在住の参加者もいます。

「この人は面白そうだな」という人に対して、何かを購入したり、サービスを受ける前でも参加できるメディア。

ある種、メルマガの読者になることにも似ていますが、それよりももっと当人のパフォーマンスや同じことに興味をもった人とのつながりができる。非常に汎用性があり、さまざまな活動につながる可能性をもったメディアだと言えるでしょう。

ポイント

オンラインサロンは可能性の塊

オンラインサロンの4つのタイプ

オンラインサロンは誰もが自由につくれるもので、「こうでなければならない」という制約はとくにありません。

企業が提供しているプラットフォームもいくつかありますが、たとえばDMMオンラインサロンであれば、サロンから上がる売上の25％をDMMに払う仕組みになっています。売上が立たなければ払う額も少なくなるし、初期費用はいらない。ですから金額についても、別に気にすることなく自由に立ち上げることができるわけです。

それくらい簡単なものですから、私はテストマーケティング用に個人的なオンラインサロンもつくっています。

こちらの月会費は980円と安いものですが、アイデアが浮かぶと、そこで発信して、サロンメンバーみんなの反応を見るわけです。このなかで「いいな」と思ったものを、世の中に出していく……。

会員さんからすると、誰よりも早く私の発信する情報にふれることができるし、私のビジネスに興味のある方には好都合になるわけです。

そんなふうに、いろんな使い方ができるオンラインサロンですが、「キャラを浸透させる」という面であれば、4つのタイプに分類できるでしょう。

「ビジネス型」「副業型」「趣味披露型」「趣味応援型」の4つ。

はじめるならば、このどれかを目指せばいいと思いますが、それぞれについて説明しましょう。

① ビジネス型のオンラインサロン

自分がもっているコンテンツを売る。いちばん基本的な形の、収益を得やすいオンラインサロンです。

私が運営している個人的なビジネスサロンも、基本はこれに属します。「ゆうちゃんと一緒に解決！　テレビとメディアのつかいかた」というネーミングを打っていますが、基本は勉強会をして、会員さんからの質問に答えていく。リアルな場で勉強会をやり、それを動画でも配信。勉強会に参加できない方は、いつでもそれを見て、ネット上でコミュニケーションをとることができます。

人に教えるノウハウをもっている方であれば、基本は誰でも、この形のオンラインサロンをはじめることができます。

教えるものは仕事のことから、料理やスポーツまで、とにかく何でも構いません。

実際、自分でセミナーを開催しようと思ったとき、いちばん難しいのは「集客」です。会場を借りて、人を呼んでも、なかなか集まってくれない。

ですが「オンライン」にしてしまえば、日本全国から、お客さんを募ることができるわけです。「その日の都合が合わない」といった時間の制約もなくなりますから、とたんに広い層をターゲットにすることができます。

しかも過去の動画を配信したり、独自につくった冊子やデータ書籍などを教科書として販売したりと、ビジネスの幅をコミュニティ内で広げることができます。

さらに、そこから個別のコンサルティングにつなげたり、カウンセリングにつなげたりと、大きな仕事の営業にも活用できるわけです。

もちろん、「そんなに簡単に人が集まるわけがない」というのは事実ですが、サロンの開設自体には費用もかかりません。リスクゼロではじめられるのですから、失敗を恐れる必要もないでしょう。

② 副業型のオンラインサロン

リスクゼロではじめられるのですから、ふだんは会社に勤めている人が休日を利用して自分のキャラでコミュニティをつくることもできる。これが「副業型」ということです。

会社公認で〝半副業〟になるのかもしれませんが、本書の担当である、きずな出版の小寺裕樹編集長も、本業とは別に個人の活動として「小寺メディア戦略室(KMS)」というオンラインサロンを運営しています。

それは「出版や編集について、アイデアを出したり意見交換をする」といった形のオンラインサロンですが、企画について討論したり、書籍のカバーデザインや販促といった出版に関するあらゆることについての意見交換をする。当然そこで得た情報は小寺さんの本業の編集に還元されるのでしょうが、コミュニティ自体の収益は本人に入ります。

じつは本名を隠していたり、覆面を被ったりして会社に内緒でやっているオンラインサロンも存在します。それはYouTuberなどでも同じです。

なかには「うまくいったら独立しよう」と考えている方も多いかもしれません。けれども、その活動が会社事業にとってプラスになるのであれば、いまどきうるさく言う会社のほうが少ないのではないでしょうか？

これからこうしたオンラインサロンは、どんどん増えていくように思います。

③ 趣味披露型のオンラインサロン

こちらはすぐに収益が得られるような何かを教えるのでなく、自分と同じ趣味をもった人を集めて、そのなかで情報共有をしていく形のオンラインサロンです。

趣味披露型のオンラインサロンに関しては、釣りが100倍楽しくなるための秘訣をレクチャーするサロンや、女子プロレスラーのOGをゲストに迎え、彼女たちのトークを聞くサロンなどがあります。

サロンでは、実際にリアルな場所に集まって交流をするほか、行けない人はリアルタイム、もしくは後日配信される動画などを見て一緒に楽しむことができるわけです。

趣味披露型のオンラインサロンは、直接の月会費は安いものが多いです。けれども、ここから派生した書籍やDVDなどのコンテンツを売ったり、専門家として認知されて他メディアに出ていくことで、自分のキャラを広めるには非常に効果的な手段になるでしょう。

④ 趣味応援型のオンラインサロン

これはリーダーのような存在がなく、ただ同じ趣味や目的をもった人が集まる形のオンラインサロン。たとえば「一緒にラーメンを食べ歩く」「結婚したい人、集まれ」といったサロンが、これに含まれます。特定のアイドルやタレントをみんなでメジャーにしようといった、熱狂的ファンが集うサロンもあります。

こうしたサロンは案外と多くあります。自分のキャラを発信する機会は少なくなるかもしれませんが、それぞれがサロン内で与えられた役割をこなすことにより、自分の存在を知ってもらったり、仲間をつくることができます。

そのなかで、自分がやりたいことを見つけて、提供できるコンテンツをまとめれば、前に書いた①~③にあたる「ビジネス型」「副業型」「趣味披露型」のサロンを立ち上げたり、事務局やプロデューサーなどの裏方に回って、サロンオーナーになりたい人をサポートすることで、収益を上げることもできます。

ポイント

あなたはどんなオンラインサロンをやってみたい?

1人でムリなら、サロン開設仲間を探してみる

趣味応援型オンラインサロンで、ほとんどの方がしているように、「ただ仲間うちでガヤガヤする」というだけでは、やはり自分のキャラを強化していくのは難しくなります。けれども、ごく普通の一般の人からキャラを立ち上げた場合、自分だけのパーソナリティで人を集めようとしても限界があるでしょう。

だからむしろ、「みんなの力を借りていく」というやり方のほうが、オンラインサロンはメディアとしてうまくいくケースが多くなっています。

とくにビジネス型のオンラインサロンで人気を集めているものに、「プロジェクト型」

のタイプがあります。

これはセミナーのように、主催者がコンテンツを提供していく形ではなく、「皆で何かのプロジェクトを動かしていこう」というもの。堀江貴文さんのオンラインサロンなどは、その典型でしょう。

もちろん、サロンを放置して、誰かが何かを提案するのに任せていれば、自分のキャラは埋もれていきます。

けれども、プロジェクトマネジャーの立場を守り、経営者のような感覚で皆を引っ張っていけば、結果的には自分のリーダー的なキャラを定着させることができるわけです。

プロジェクトリーダーのキャラを出していくには、実際のリーダーのように参加者への声かけを徹底すること。そのためには会社を経営しているような気持ちで、サロンの運営も考えていく必要があります。

逆にコンテンツ提供型のオンラインサロンでも、1人でやらず、数人のエキスパートと組んで、そのなかでキャラを出していく方法もあります。

私が携わっている「ビジネスタレント育成大学」も、やはり大谷由里子さんと飯塚裕司さんという、3人で組んで運営していることが特徴です。

それぞれには肩書きもついていて、大谷さんが学長、私は教授、飯塚さんは事務局長です。なので、大谷さんと私がコンテンツホルダーとして会員に情報を提供したり、講義をします。飯塚さんは毎月の入退会者の管理や売上管理などをおこなうという、役割分担もできています。

確かに複数の人間で主宰すれば、自分自身は、1人でやるよりも目立たなくなってしまうかもしれません。

ただ、3人がそれぞれ人を集めることができ、個性さえ被らなければ、より大勢の人に自分を認知してもらうことができるわけです。

コンテンツを提供し続ける労力も、1人よりはずっとラクになりますから、サロンを長く続けるには非常に好都合な手段となります。

一緒にサロンをやる仲間は、勉強会で呼びかけたり、あるいはSNSで誘ってみるのもいいでしょう。

一緒にやる仲間は、信頼できることはもちろんですが、できればキャラが相乗効果で生きるような人選をするのが理想になります。

ほかにも自分自身はそれほどまだ著名ではないけれど、様々な分野のエキスパートをゲスト講師に呼んで勉強会をおこなっているサロンもあります。

主役はあくまでゲストかもしれませんが、縁の下で「プロデューサー」として認知されていくのだって、キャラづくりの方法なのです。

何より「自分にできるやり方」ではじめないと、メルマガやブログと同様、オンラインサロンも中途半端に終わってしまいます。

ポイント

相乗効果が生まれる相方と組もう

「進化し続けるキャラ」を、どうつくるか？

自分にできるやり方ではじめると言いましたが、そうはいっても自分のキャラを広げていくのであれば、主役はやはりあなた自身です。

プロジェクト型や、あるいはグループでやっている限り、みんなが横並びになって自分自身は目立ちにくい。

あなたが中心となり、あなたのファンを集めていくオンラインサロンが、いちばん理想的な形であることは疑いありません。

ただ、やはりコンテンツを提供することは難しい……。

よっぽどの人生経験や、よっぽどの知識がないと、新しいものを次々と提供していくことは、普通の人にはなかなかできません。

それこそ「カリスマ」と呼ばれるような才能でもない限り、1年も話を聞いていれば、飽きてしまう人も多くなるように思ってしまいます。

でも、それを克服する方法は、ちゃんとあるのです。

「ビジネスタレント育成大学」でも目指しているのは、1年や2年でなく、ずっと周りの人から愛され続け、そのままで仕事が続けていけるようなキャラづくりです。

その際に「では、あなたが提供できるものは何か」と考えたとき、大切なのは「階段」ではなく、「らせん」で考えること。

どういうことかといえば、たとえば絵の描き方をオンラインサロンで教えている人がいたとしましょう。

通常であれば、絵を習う人は、「こんな絵が描けるようになれたら」というゴールがあり、1年なら1年という期間を使って、そこまで到達する技術を身につける……。

でも、これではオンラインサロンの寿命が1年で終わってしまうわけです。習い終えたら、極端な話、教えている先生は魅力的な存在でなくなってしまいます。

そうではなく、「こんな絵が描けるようになれたら」という技術を教える過程で、「じつはこの先にはこんなことができますよ」とか、「もっと、こういう絵も描けたらスゴいですよね」ということを先生がどんどん提示していく。

「さすがすごいなあ……」

「自分もそうなりたいなあ」

そう思わせていく限り、この先生はずっと、習う人にとって魅力的なキャラであり続けるわけです。

しかも、コンテンツは「ドーナツ型」で提供する必要があります。

これは、たとえばオンラインサロンに入りたい、という人が募集案内を見たとします。

すると、「年1回」しか募集していないとしたら、どうでしょう。

来年の募集のタイミングで、また学びたいと思ってもらうのはとても難しいことです。

なので、いつでも入れるように参加のための窓口を開いておく、ということが重要です。

その上で、窓口を開いていたとしても、会員間にレベル差が生じてしまったとしたらどうでしょう。後から参加する人は、「本当についていけるか」と心配になってしまうのではないでしょうか。

なので、オンラインサロンは、コンテンツをドーナツ型でつくるのが効果的です。

たとえば、マーケティングの講座であれば、1月はメールマガジンの書き方、2月はホームページのつくり方、3月は、プレスリリースの書き方……というようにします。

すると、1月に入会した人も、2月に入会した人も、3月のプレスリリースの書き方のコンテンツは、同じスタートラインで学ぶことができるのです。

いつから入っても、一周まわればすべての内容を網羅できるようにします。

その上で、一周したあとに、らせんでレベルアップしていけるようにするのです。

これが、ドーナツ型です。

ドーナツ型コンテンツイメージ

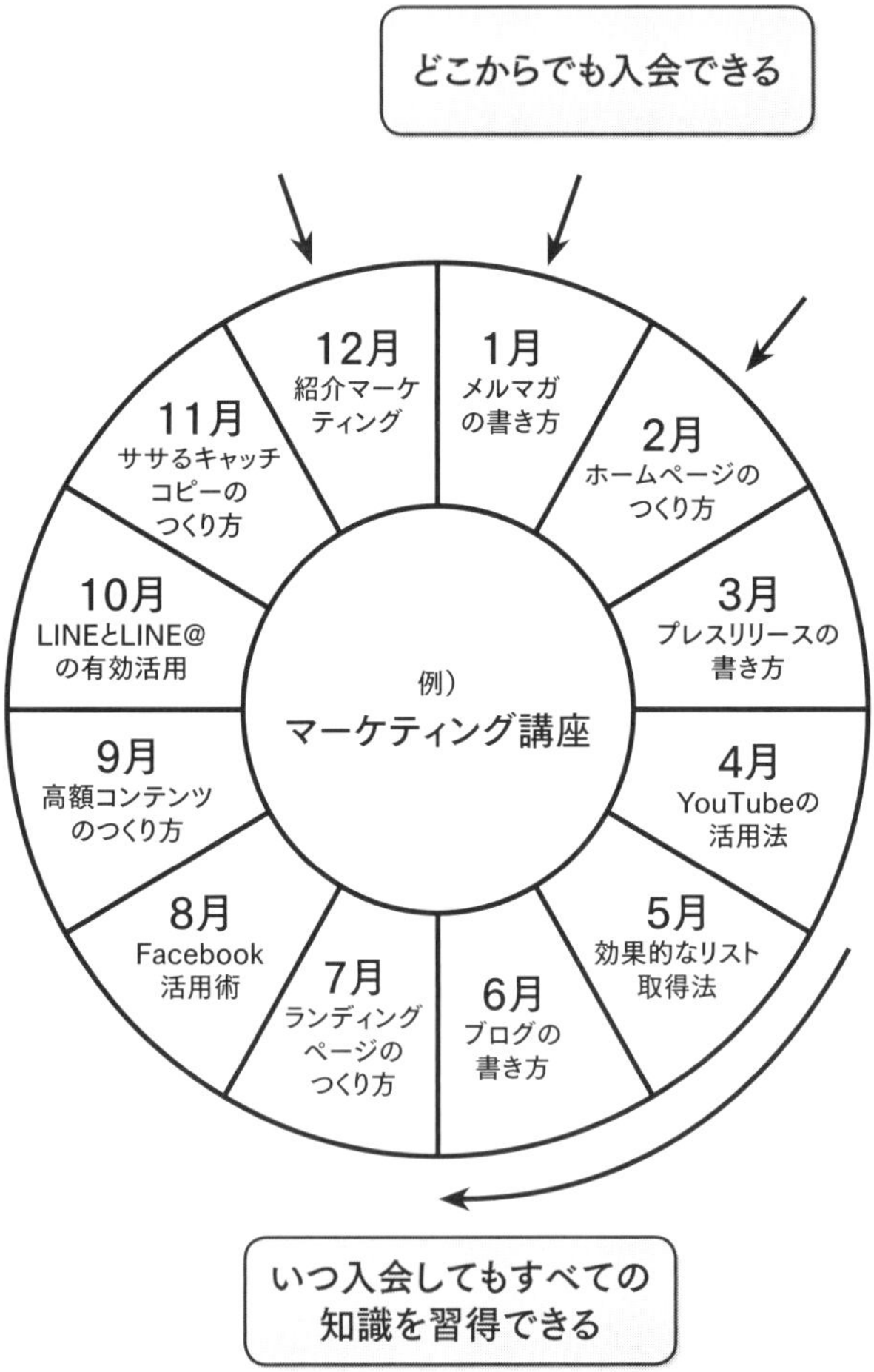

でも、そんな「もっと、こういうことができたら」に見合う技術を、自分はもっていない……。

ならば人に教えていく過程で自分も勉強し、「常に進化し続けていく」のです。

そうした「将来の進化目標」や「学習の計画」も考慮して、やっと「らせん状に登り続けるコンテンツ」が可能になるわけです。

そうなっていけば、オンラインサロンを主宰する人物が飽きられることもありません。

実際、私たちの「ビジネスタレント育成大学」も、常に新しい企画を出して、参加者とともに進化を続けています。

たとえば大谷由里子さんは、女性会員の意見を聞きながら、YouTubeやInstagramを使った新しいチャネルをどんどんつくっていこうとしています。すでにこれは40代~50代の女性に大人気で、新しい「女性部」のような活動になっているわけです。

また、エリアを広げていくことも「ビジネスタレント育成大学」の特徴になっています。

ビジネスタレント育成大学は、毎月「定例会」という勉強会を開催しています。

この定例会は、偶数月は東京、奇数月は地方で開催しています。定例会の様子は

Facebookでライブ配信していますので、会場に足を運ぶことができない人は、家や職場で自由に見ていただくことができます。

しかし、会場に行くことはできないけれど、せっかくなら会員同士で一緒に学びたい。そんなメンバーが自主的に集まって、このライブ配信を視聴するという「パブリックビューイング」を開催するようになりました。

今年5月に名古屋で定例会を開催したときに、東京のパブリックビューイングには関東近郊に住むメンバーの半数以上が参加しました。実際にパブリックビューイング会場からも、リアルタイムで質問が飛んでくるなど、とても盛り上がりました。

パブリックビューイングひとつとってみても、「どんどん大きな集まりになっている」「がんばる仲間が近くにいて頼もしい」というワクワク感を、参加者は感じるもの。

このワクワク感はそのまま、主宰者に感じる魅力となっていくわけですね。

たとえば、オンラインサロンではないのですが、職場コミュニケーションの専門家であるアンディ中村さんは、**「月イチでなんかやる会」**というのを立ち上げています。

ふつう「何かをやる」では、人は集まりません。「何をやるのか、教えてくれ！」と思うのですが、アンディさんは毎回スペシャルなゲストを呼んできたり、講演のツカミにあたるアイスブレイクだけに絞った「アイスブレイク30連発」を披露してくれたりと、スゴいことばかりやってくれるのです。

なので、企画が何か発表されていなくても、「アンディさんの会なら大丈夫。参加したほうがいい」となって、常に満席のイベントになります。

そんなアンディさんも、最初は人が集まらず、誰もいない会議室で準備してきたネタをひとり語りしていたこともあるそうです。それでも、「自分でやると、決めたことだから……」と、集客を続けました。

やっぱり「月単位、年単位で、みるみる進化していく人」というのは誰もが応援したくなるし、魅力的なキャラともとらえられるのです。まさしく「継続は力なり」です。

ポイント

らせん型でサロンをつくり、本人も進化し続ける

オンラインサロンの成功例に学ぶ

述べたようにオンラインサロンというのは、ＳＮＳやYouTubeと違って、はっきりとしたビジネスになります。

ＳＮＳやYouTubeの動画は、原則として無料。

だからどんなにフォロワーを多くして、どんなに視聴数を稼いだところで、収入には結びつきません。そのままでは生計が立ちませんから、広告を入れたり、アフィリエイトを導入したりして、細かく稼ぐしかなかったわけです。

ところがオンラインサロンであれば、セミナーと同じで、明確に月会費という形で、お金をいただくことができます。

ここからの収益で生計が成り立つのであれば、それこそ「キャラを活かして独立」ということだって、十分に考えられるわけです。

ただ、2章で述べたように、とくに無形のものを売る場合は「人は値段の3倍以上の価値を感じなければ、満足しない」のです。

たとえば、あなたが1万円の月会費をとってサロンを運営する場合、少なくとも3万円の価値は会員全員に与えないと、だんだん集まった人は離れていってしまいます。

しかし多くの人は数千円のメリットも与えることができないから、たくさんのオンラインサロンが、実際は立ち上がっては消えることを繰り返しているわけです。

オンラインサロンで成功している方に、「魔法の質問」で有名な、マツダミヒロさんがいます。ミヒロさんは6年くらい前からサロンを運営していますが、毎月9800円という価格にもかかわらず、会員数は400人以上。

それだけ人気なのも、大勢のインストラクターが集まり、コミュニティ内にはさまざまなコンテンツが溢れているから。会員になった人は、値段以上の価値をサロンのなかに見出しているのです。

そんなふうに、オンラインサロンをはじめるならば、ここに所属することでどんなメリットがあるのかを、きちんとファンの人に提示してあげる必要があります。

まずキャラとしての自分は、これからどうなっていくのか?

1年後、2年後、5年後、10年後には、どうなるつもりなのか?

それとともに、この「私」というキャラに関わってくれた人に対して、いったい何をこれから提供していけるのか?

「私」と関わることによって、5年後、10年後に、「あなた」はいったい、どうなれるのか?

それをきちんと提示していくことが、オンラインサロンを通して自分のキャラをつくっていく際のカギになると思います。

そうしたことを提示したあとで、オンラインサロン内に広く浅くの「初心者コース」か

ら、もっと深く関わる「上級者コース」と、階層をつくるのもひとつの方法です。

たくさんのやり方がありますから、まずは「成功した人がどのようなやり方をしているのか」を探ってみたり、成功しているサロンに実際に入会してみるのもいいでしょう。

これはテレビ番組と同じで、メディアの特徴を知らなければ、自分キャラに相応しい効果的な売り方はできないのです。

ポイント

成功例を学ぶために、気になるサロンに入ってみるのもアリ

ネットのつき合いだからこそ「オフライン」を重視する

いま現在、オンラインサロンでは、入会してから3ヵ月以内に会員の15%から20%が退会すると言われています。

正直、運営している立場からすれば、退会されるのはとても寂しいこと。

ただ、これは自然の摂理で、どうしようもない部分があります。

というのも、オンラインサロンの会員になる人というのは、いまはまだ少数派なのです。

現状は「これは面白い」と思った人が、いくつものサロンにかけもちで入っていることが多い。

そうすると時間的にも、あるいは経済的にも、入れるサロンには限りがありますから、「面白そうだ」と思うところに入るかわりに、「これは違うな」と感じたところからは、いち早く脱退するわけです。

実際、会員になっても積極的に活動をしたり、コミュニケーションをとったりという人は、全体の半分ぐらい。残りの半分は、ただオンラインサロンでおこなわれていることを視聴しているだけになりますから、辞めることにこだわりはありません。

そういう人を、強引に押しとどめようとしても問題になるだけ。

だからオンラインサロンの規模を広げようと思ったら、辞める人以上の新規会員を、定期的かつ継続的に開拓していくしかないわけです。

ただし、オンラインサロンに入会してくれた人を、できるだけ辞めさせないようにする工夫はあります。

そのひとつは、やはり「リアルに会う場を増やす」ということでしょう。

実際、多くのオンラインサロンが、オフ会を重視しています。

私がプロデュースしているオンラインサロンのひとつに、「櫻井のすべて」というサロンがあります。

「櫻井のすべて」は、出版界で「伝説の編集長」と呼ばれ、きずな出版の社長でもある櫻井秀勲先生から、マナー、人脈、人生論、文章力、企画力……といったノウハウや教養を学ぶサロンです。

このサロンでは、毎月櫻井先生から直接レクチャーを受ける勉強会を開いているのですが、30名の定員は、毎回、会員専用ページに情報を載せて募集を開始すると、すぐに満席になってしまいます。

あるときから公平を期すため、この勉強会の募集に「2つのルール」を設けました。

1つめのルールは、募集開始の前日に、「明日、募集しますよ」と予告をすること。

2つめのルールは、募集開始時刻を「午前0時」に統一すること。

日中の時間帯だと、会社に勤めている人がなかなか申し込みにくい。朝や夕方だと、家事をしている人などがパソコンをチェックしづらい時間帯であるということで、参加者の最大公約数をとって、「午前0時募集開始」としました。

私も最初は、「こんな時間に募集開始しても、誰も申し込まないだろう」と思っていたのですが、いやいや、そんなことはありませんでした。

最初の募集のときは、午前0時からの10分間で、なんと6割の席が埋まったのです。

あとから会員に話を聞くと、

「絶対に参加したかったので、定員に漏れてしまうのが怖くて、開始5分前からパソコンの前で、正座して待機していました！」

という人もいました。その熱狂ぶりはいまも継続していて、この申し込み自体が、「櫻井のすべて」の会員にとって、月1回のイベントになっています。

参加者がなぜここまで夢中になるのかというと、実際に会って櫻井先生から話を聞いたり、仲間と話をすることによって、オンラインでの交流を活発にしていきたいからです。

これはFacebookなどでのやりとりを考えれば、よくわかるでしょう。

コメントを入れたり、あるいは直接メールをしたりする相手は、会ったこともない人より、顔を見知っている人のほうが当然、多いですよね。


キャラを浸透させるにしても、ネット上だけでやるのと、直接のパフォーマンスをする

のとではまったく違います。

「メディアを使う」という考えには反するかもしれませんが、トークライブでも、セミナーでも、あるいは単にパーティや交流会でもいい。オンラインサロンによっては、皆で海外へ合宿に行くようなところもあります。

ネットから離れて、会員たちが直に接する機会は、多ければ多いに越したことはありません。

ポイント

会員同士が直接会う機会を増やそう

「無関心の一歩手前の人々」には細心のケアを

ただ、「オンライン」という性格上、リアルに会うのを嫌う人もいます。

あるいは遠方のため、いくらオフ会を実施しても、なかなか参加できない人もいる。

こうした人々は、リアルで会った人々の交流が活発になればなるほど、仲間はずれになって、孤立していくような不安も感じていきます。

そのためには、やはり距離感のある人々に対して、意識的にコミュニケーションをとるようにしていくしかありません。

たとえばリアルなトークライブやセミナーをやる際、動画配信も同時におこない、オンラインからのコメントが会場でも見られるようにする。

そこでコメントに対して答えていくようにすれば、画面の向こうの参加者も、ほとんどその場にいるような感覚でいられるわけです。

このやり方はネットの生配信だけでなく、最近はテレビ番組でも活用されています。

ＮＨＫで平日の夜放送されている「ニュースチェック11」なども、画面の下には視聴者からのTwitterのコメントを流しています。

さらに参加意欲の低い人でも、気軽に参加しやすいものに「アンケート」があります。

これはまさしくオンライン上で意見を聞くもの。

フォーマットをあらかじめ用意し「どちらの案に賛成しますか？」とか、「これについてはどう思いますか？」といった項目にいつでも回答できるようにしておけば、時間のあるとき誰でも答えを記入することができます。

その際に、「面白い意見ですね」とか、「どうしてそう思うのですか？」などと質問し、こちらが関心をもっていることを伝えてあげる。

たったこれだけのことでも、案外と参加意識は高まっていくのです。

理屈としては、これもチームのマネジメントと変わらないことです。

「2：6：2の法則」というものがあります。

これは、組織のマネジメントでよく用いられるのですが、組織の人間で優秀な人は2割、6割が普通、残り2割の人間はあまり働かないというものです。

じつは会員制のサロンも「2：6：2」の法則で成り立っています。

積極的な参加者が2割、興味もなく参加している人が2割。あとは関心度も普通であり、気まぐれでどっちつかずな人が6割と言われています。

この6割をどうやって上位の2割にくっつけるかが、成功のカギです。

オンラインサロンはさらに階層化され、私は「2：3：3：2」のようなイメージをもっています。

つまり、「普通の人」であっても、すぐに上の「積極層」か、下の「無関心層」に分岐しやすい。だから「関心度高め」の3割を、いかに「積極層」に押し上げていくかが成功のカギになるのです。

そして「関心度高め」の人々には、個別でフォローをしてあげる。

すると、積極的に行動する人が半数になりオンラインサロンに活気と勢いが出ます。これで、これまで関心度の低かった3割の人たちも、引き上げられます。

こうなれば、オンラインサロンの拡大は容易ですし、サロン内での新しいプロジェクトの立ち上げなども、やりやすくなります。

下の2割の人々は最初から手遅れですが、まだ「どっちつかず」の段階であれば、あなたのキャラによって押し上げることが可能なのです。

ポイント

個別フォローやアンケート実施によって、参加しやすい環境をつくる

2:6:2の法則

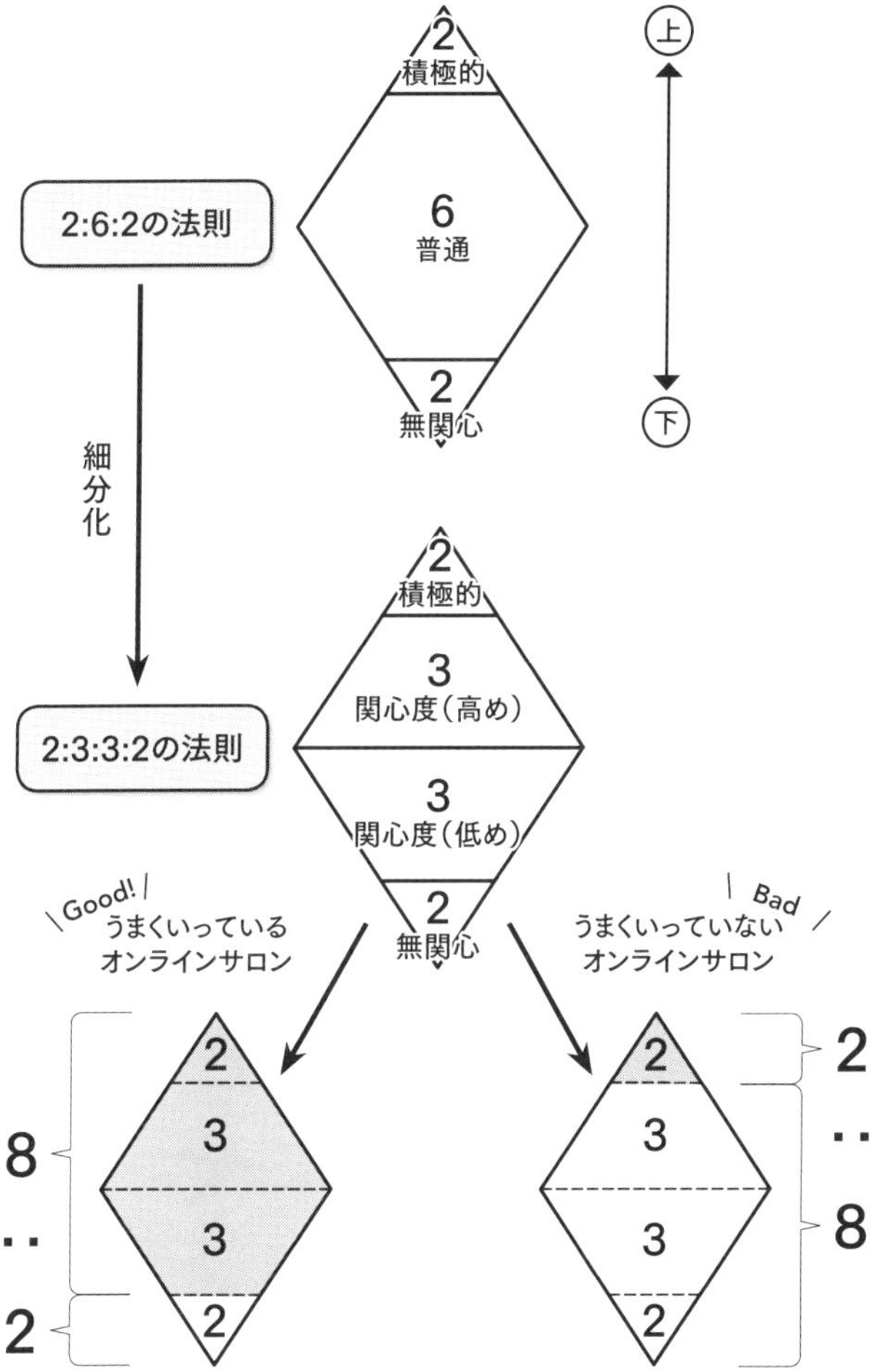

関心度(高め)の3割の層の攻略がカギ

あらゆるメディアを使いこなそう

もうひとつ、オンラインサロンを魅力的にする方法は、総合的な「自分メディア化」を図ることでしょう。本書で述べてきたように、重要なことは、あらゆるメディアを活用してあなたをキャラ化していくことなのです。オンラインサロンは収益を上げるための手段に過ぎません。わかりやすく、あなたのキャラを普及されるための手段として、

「A＝広く告知する段階」
「B＝コミュニティをつくってビジネスに移行する段階」
「C＝顧客と密接に関わり、ビジネスを拡大する段階」

と、とらえてみましょう。

オンラインサロンというのは、まさしく「B」の段階に当たるもの。これは、あなたのファンクラブのようなもので、あなたというキャラを固定させるためのコミュニティとして機能します。「会員数×月会費＝売上」になりますから、小規模なものであっても継続していけば十分これは「ビジネス」になります。

一方で、その会員を集めるための「A」に当たるのが、広い意味での「メディア」です。オンラインサロンへの集客をうながすならば、効果的なのはやはり「動画」でしょう。たとえば、オンラインサロンで提供しているトークライブのようなものの〝さわり〟だけを一般向けに動画配信する。あるいはプロモーション動画やダイジェスト動画のようなものをつくる。YouTubeでもいいし、Facebookなどでもライブは配信できます。これは、あくまであなたというキャラを一般に告知するためのメディアであり、そこでより興味をもってくれた人をコミュニティに誘導するのです。

そして「C」の段階では、個別にコンサルティングをしたり、セミナーや研修をしたりということになります。ビジネスモデルとして考えれば、ここが最終的な落としどころになるわけです。

もっと言えば、テレビなどのマスメディアは「A以前」の段階で、あなたというキャラを知ってもらうためのもの。そこでSNSやメルマガを使って、「リストに加える」という A段階になり、徐々に密接なコミュニティに昇格していき、お客さんになってもらう……という考え方もできます。

いずれにしろ、現在のメディアを使えば、誰でもがこれだけ複合的な「自分を売り込むマーケティング」が可能になっているのです。

うまく活用すればするほど、できることの可能性はどんどん広がっていく。そしてキャラが明確であればあるほど、ビジネスを広げるまでの時間も労力も少なくて済むのです。

だからこそ現代は、「キャラをつくる」ということが重要になっているのです。それを実現した人ほど、まさに仕事も人生も楽しいものになっていくでしょう。

ポイント

キャラがすべて!

ビジネスモデルのステップアップのイメージ

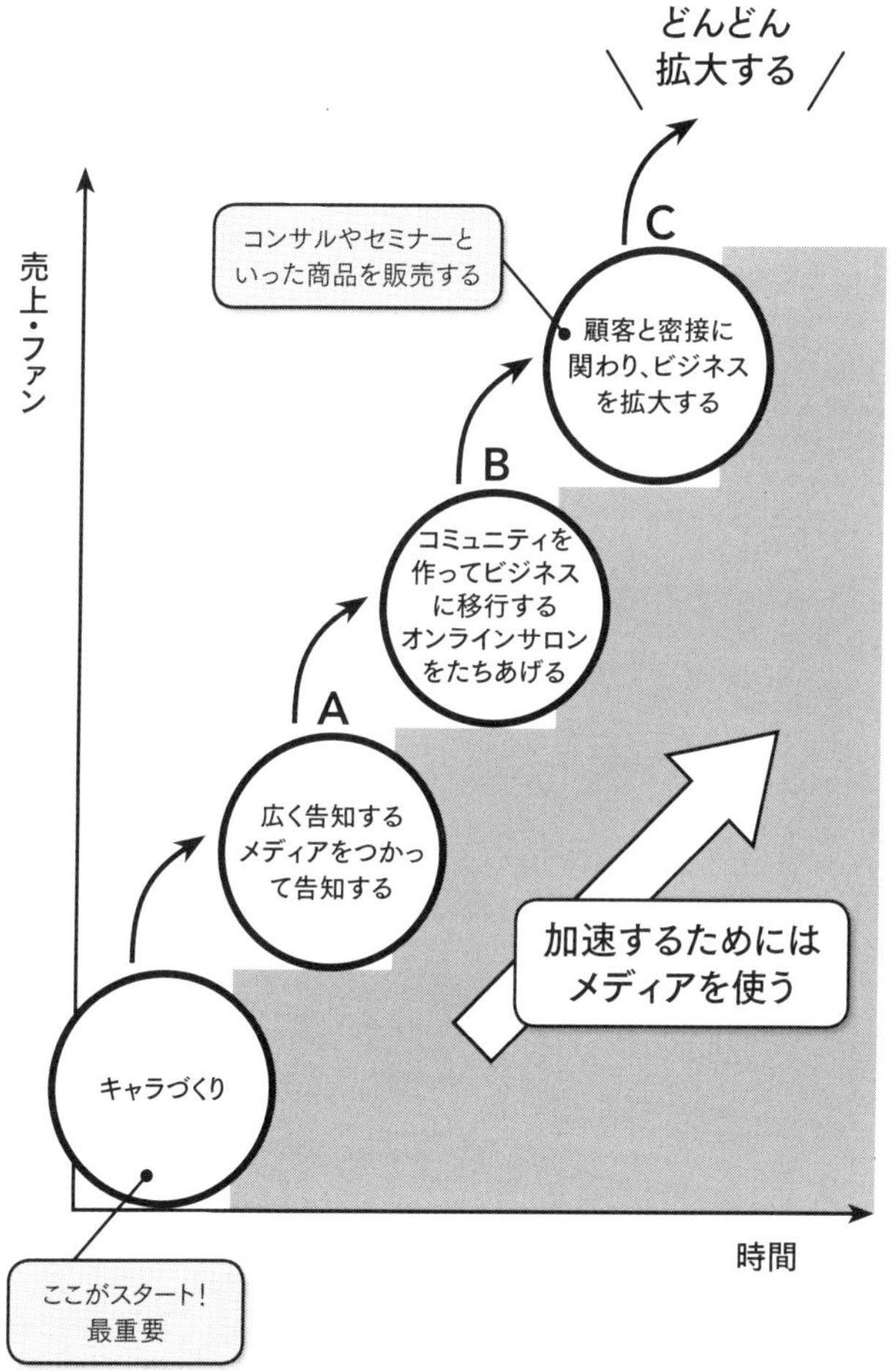

おわりに

キャラでチャンスをつかみ取れ！

「大内さーん！」

ＪＲ船橋駅の３番線ホームを歩いていると、後ろから女性に声をかけられました。振り返ると、ロングヘアーに白いワンピースの綺麗な女性でした。

「あれ、過去に会ったことがある人かな？」「私のセミナーに参加してくれて、名刺交換した人かな？」「何か、悪いことでもしたかな？」……でも、思い出せません。

それもそのはず、この女性、過去に一度も会ったことがない方だったのです。

では、女性はなぜ私に声をかけてきたのでしょうか？

じつは、私のFacebookの記事をいつも見てくれているそうなのです。

でも、その女性からは、一度も「いいね」を押してもらったことも、ましてやコメントをもらったこともありません。

このような経験は、一度だけではありません。今年に入って見ず知らずの人から、7回声をかけられました。しかも、その人たちはみんな「京都で食べていたラーメン、おいしそうでしたね」とか、「交通事故、大変でしたね」とか、私のことをよく知っているのです。

こちらが知らなくても、相手が知っている。まさしくメディアの力です。


私たちが生きる今は、「1億総メディア社会」と言っても過言ではありません。

自分が何を食べて、誰と会って、どこに行ったのか、インターネット上にアップすれば、誰でも知ることができます。つまり本気で調べようと思えば、どんなプライベートな情報でも入手することができるのです。それだけに、どこでも誰にでも見られる可能性があることをしっかり考えて、情報を公開しないといけません。

しかし、一方で、それはあなたを知ってもらうということにおいては、大チャンスです。これまで芸能人や有名人しか注目されなかったことでも、目に留まるようになっているのです。

中高生に大人気のリップシンク動画アプリに、TikTok（ティックトック）があります。リップシンクとは口パクのこと。音楽に合わせて演技することで、自分を可愛く見せたり、かっこよく表現したり、面白く加工して楽しむビデオコミュニティです。

15秒程度という制限があるので、そのなかで使いやすい曲や動画は一気に広まります。シェアされやすく真似して投稿したくなる効果があるので、芸能人や中高生に人気のインフルエンサーたちはこぞってTikTok動画を撮影、投稿しています。実際に私がテレビ番組で共演したYouTuberの女性は、TikTokからYouTube登録をうながす方法で、自身のYouTubeチャンネルのフォロワーを1ヵ月で5000人以上増やしています。

新たなメディアが次々に誕生するいま、その流れにいち早く乗った人は、チャンスをつかむことができます。そのチャンスをつかめるかどうかは、あなたのキャラにかかっているといっても、過言ではありません。

あなたがまだオープンにしていないキャラを、世に解き放つ覚悟はできましたか？
本書をお読みいただいたあなたが、唯一無二のキャラを武器に、メディアを活用してビジネスを拡大していただけたら嬉しいです。

2017年3月18日、赤い帽子を被ったあの日から、私の人生は劇的に変わりました。
結局は、キャラがすべて。乗り越えたいまだから、胸を張ってそう言えます。

2018年9月吉日

メディア活用研究所 代表　大内 優

著者プロフィール

大内優（おおうち・ゆう）

メディア活用研究所代表。1978年福島県郡山市生まれ。慶應義塾大学卒業後、福島テレビ株式会社で報道記者として4年間勤務。取材ネタの選定・番組制作には定評があり、テレビ番組コンクールでの受賞歴もある。記者時代に目を通したプレスリリースは40,000件以上。その経験から、プレスリリースの良し悪しを3秒で判断することができる。独立後はメディア活用研究所代表として、テレビを効果的に活用し、ビジネスを拡大するためのノウハウを伝えるセミナーを全国各地で開催。また、メディア活用に関する活きた情報を手に入れるために、現在もテレビ番組MCやラジオパーソナリティとして活動を続けている。
著書に『小さなお店・会社、フリーランスの「テレビ活用」7つの成功ルール』（同文舘出版）がある。

著者公式ホームページ：
https://media-planner.net/

キャラがすべて!
―メディアを使いこなして、自分自身を売り続ける方法

2018年10月1日　第1刷発行

著　者　　大内優

発行人　　櫻井秀勲
発行所　　きずな出版
東京都新宿区白銀町1-13　〒162-0816
電話03-3260-0391　振替00160-2-633551
http://www.kizuna-pub.jp/

協力　中川賀央
ブックデザイン　池上幸一
印刷・製本　モリモト印刷

ISBN978-4-86663-049-6

きずな出版